빼앗긴 나라의
한글 독립투사들

방과 후
인물 탐구 14

박용진 지음

빼앗긴 나라의 한글 독립투사들

주시경부터 이수열까지 우리말 애국자 6인

다른

 차례

한글_명명
최초_순우리말_신문

말이 올라야 나라도 오른다

평생 가난에 시달리면서도
민족을 바른길로 이끌기 위해 애쓴

INFJ

1

널 '한글'이라고 부를게

↓

주시경

1876~1914

국문학자·언어학자

"주보따리 선생님!"

'주보따리'는 늘 보자기에 책들을 잔뜩 싸서 여기저기 강의를 다니던 주시경에게 학생들이 애정을 담아 붙인 별명이야. 강의를 마치고 또 다른 학교 강의 때문에 급히 발걸음을 옮기던 주시경을 한 여학생이 불러 세웠지.

"이 가방을 쓰세요."

여학생이 환하게 웃으며 내민 것은 좋은 가죽 가방이었어. 보따리를 내려놓고 가방을 받아 잠시 바라보던 주시경이 환하게 웃으며 말했어.

"고맙구나. 그러나 내게는 이 가방이 어울리지 않을 것 같다. 우리말과 글을 가르치는 사람한테는 이런 보자기가 더 어울리지 않겠느냐. 하하하. 마음만은 고맙게 받으마."

그러고는 다시 덜렁덜렁 보자기를 들고 걸음을 옮겼지.

'한글' 하면 누가 제일 먼저 생각나? 아마 대다수가 세종대왕을 떠올릴 거야. 그러나 지금 우리가 우리글을 일컬을 때 쓰는 '한글'이라는 이름은 세종대왕이 만든 게 아니야. 다들 알다시피 세종대왕이 만들었던 문자의 이름은 '훈민정음'이었지. 세계에서 찾아보기 어려울 만큼 과학적이고 배우기 쉬운 문자 말이야.

그러나 훈민정음은 창제 이후 오랫동안 천대받았어. 아이들이 쓰는 글이라는 뜻으로 '아해글'이라 불리기도 했지. 그런 우리글에 '한글'이라는 이름을 붙인 사람이 바로 주시경이야.

서당 문을 두드린 가난한 소년

주시경은 1876년 12월, 황해도 봉산군에서 여섯 남매 중 셋째로 태어났어. 우리나라 최초의 서원인 백운동서원(지금의 소수서원)을 세운 주세붕의 13대 손이었지. 주시경의 어릴 적 이름은 상호였는데, 결혼 이후 이름을 시경이라고 고쳤어. 글공부를 열심히 하겠다는 뜻인데, 그는 자기 이름대로 일평생 다양한 학문을 공부했어.

그러나 주시경의 집안은 무척 가난했어. 엎친 데 덮친 격으로 주시경이 태어난 이듬해에는 큰 흉년이 들기까지 했지. 제대로 먹지 못해 젖이 잘 나오지 않았던 주시경의 어머니는 갓난아이에게 묽은 죽을 먹여야만 했지. 그런데 그마저도 굶기기가 일쑤라 그 꼬물거리는 갓난아이가 죽은 듯 기절했다가 깨어난 일이 세 번이나 있었다고 해. 안타깝게도 이런 가난은 평생 주시경을 따라다녔어.

주시경은 7세 때부터 아버지에게 한학(한문학)을 배웠어. 그는 배우는 것을 좋아하고 총명하여 집안의 기대를 한 몸에 받았지. 그러다 12세가 되던 해에 큰아버지가 찾아왔어. 큰아버지는 당시 숭례문 쪽에서 '해륙물산'이라는 큰 도매상을 운영하고 있었는데, 그런 만큼 경제적으로 넉넉한 편이었어. 다만 전염병으로 아들 둘, 딸 하나를 모두 잃고 말았지. 그가 찾아온 이유는 바로 주시경을 양자로 들이기 위해서였어. 이 당시만 해도 대를 잇는 것을 중시했기 때문에 큰집에 자식이 없으면 작은집의 아들 중 하나를 양자로 데려가는 일이 흔했거든.

아늘이 가난을 벗어나 좋아하는 공부를 마음껏 할 수 있디면 더없이 좋은 일이었지만 사랑하는 자식을 보내는 부모 마음이 편할 리 없었지. 주시경의 아버지는 주시경이 공부를 좋아하니 계속 배우게 해 달라고 신신당부하며 그를 보냈어.

처음 도착한 한성은 크고 복잡한 곳이었어. 한동안 주시경은 정신을 차리지 못했지. 얼마 후 큰아버지는 주시경의 아버지와 한 약속대로 그를 집 근처 글방에 보내 줬어. 그런데 그곳은 주시경이 원하는 공부를 할 수 있는 곳이 아니었어. 그곳에서는 장사꾼의 아들들에게 장부 정리하는 법, 계산하는 법 등을 가르치고 있었거든. 게다가 공부하러 온 아이들도 별로 열의가 없어서 장난이나 치기 일쑤였고 말이야. 주시경은 크게 실망했어. 글방에 가기도 싫어졌지.

그러던 어느 날 주시경은 길을 걷다 담을 넘어 들려오는 아이들의 글 읽는 소리에 그만 딱 멈춰 섰어. 아이들이 읽고 있는 책은 주시경이 이미 아버지께 배웠던 것이기는 했지만 그 글 읽는 소리가 그렇게 반가울 수 없었어. 주시경은 매일 그 집 앞에 가서 글 읽는 소리를 들으며 한참을 서성거렸어. 그렇게 수십 일이 흘렀고 주시경은 그곳이 이회종 진사가 이름난 집안 아들들을 가르치는 서당이라는 것도 알게 되었지.

한편 이회종은 어느 순간부터 글을 가르칠 때마다 집 앞에서 서성이고 있는 주시경이 눈에 들어왔어. 그래서 어느 날 주시경에게 무슨 일인지 물어봤지. 주시경은 사정을 설명하고 제대로 된 학문을 배우고 싶다는 열망을 선뜻 드러냈어. 이회종은 주시경과 이야기를 나누다 그의 흔하지 않은 재능을 알아보았고 자신의 서당에서 공부할 수 있도록 해 주었어. 다만 다른 사람이 물어보면 자신의 친구인 평산 주 씨의 아들이라 대답하라고 당부했지.

머리를 자르고 배재학당으로

1890년, 모두 집에 돌아가고 혼자 남은 서당에서 열다섯의 주시경은 깊은 생각에 잠겨 있었어.

종이와 붓과 먹과 벼루와 책은 선비가 쓰는 물건이다.

주시경은 이 글을 앞에 두고 조사 '과'와 '와'가 쓰임은 같은데 왜 그 형태가 다른지 고민하는 중이었지. 한참을 끙끙대던 주시경은 마침내 그 원리를 깨달았어.

"받침이 있는 '붓' 같은 소리 뒤에는 '과'가 오고 '벼루'처럼 받침이 없는 소리 뒤에는 '와'가 오는구나. 이렇게 되는 건 소리를 자연스럽게 내기 위해서일 거야. 둘 다 다른 말을 엮어 주는 역할을 하는데 그 형태를 달리할 수도 있구나. 그러니까 사실 둘은 쌍둥이 같은 것이지."

지금 우리가 보기에는 당연한 것이지만 그때까지만 해도 아무도 이런 데 의문을 가지고 연구한 일이 없었지. 이건 작지만 큰 성과였어.

주시경은 우리말과 글의 문법 체계에 대해 이때부터 크게 관심을 가지기 시작했어. 한문을 공부하면서 우리말과 너무도 다른 글자 체계에 문제를 느끼고 있었거든.

예를 들어 '장부출가생불환丈夫出家生不還'을 한번 볼까? 이건 이 시기보다도 훨씬 후대에 윤봉길 의사가 한문으로 남긴 글인데, "장부가 집을 떠나면 뜻을 이루기 전에는 살아 돌아오지 않는다." 라는 뜻이야. 한문으로 쓴 것과 우리말 풀이를 비교해 보면 서로 어순도 맞지 않고, 한자만으로는 조사나 어미도 분명하지 않아서 뜻을 쉽게 알아채기 힘들다는 걸 알겠지?

당시 서당 교육도 한자로 적힌 것을 소리 내어 읽고 다시 우리말로 풀어 읽어 주는 식이었어. 주시경은 이런 방식의 문제점을 발견했던 거지. 그러다 결국 우리말을 소리 나는 그대로 우리글로 쓰면 훨씬 편할 것이라는 결론에 이르렀던 거야.

그러나 우리말과 글을 연구하는 것은 정말 힘든 일이었어. 당시까지도 우리글보다 한자를 더 중시하는 풍조가 있었기 때문에 우리글에는 아무도 관심을 가지지 않았거든. 혼자서 연구를 하다가 해결이 되지 않는 문제가 생겨도 도와줄 사람이 없었어. 주시경은 너무 일찍, 남들이 관심을 가지기도 전에 우리글의 소중함을 깨달았던 거지.

1893년, 주시경은 길을 걷다 배재학당 학생 모집 벽보를 발견했어. 거기에는 영어, 수학, 지리, 역사, 과학 등 신식 학문을 배울 수 있다는 내용이 적혀 있었지. 배재학당은 미국 선교사 아펜젤러가 1885년에 세운 학교로 우리나라 최초의 근대식 중등교

육 기관이야. 학교 이름은 고종이 내린 것으로 '인재를 기르는 집'
이라는 뜻이지.

그길로 그는 배재학당으로 가 야간학교에서 박세양, 정인덕
에게 배우기 시작했어. 그러면서 당시 세계가 어떻게 돌아가는
지도 알게 되고 영국, 프랑스와 같은 강대국들은 그 나라만의 말
과 글을 가지고 있다는 것도 알게 되었지. 지난날 사라졌던 나라
들은 그들만의 문자를 가지지 못했다는 것도 알았고 말이야. 주
시경은 우리말과 글의 중요함을 다시 한번 깨달았어.

주시경이 배움을 이어 가던 무렵 청일전쟁이 일어났어. 당
시 청나라는 서구 열강에게 잇달아 패배하면서 동아시아에서
영향력이 약해지고 있었어. 그래서 오히려 조선의 국내 정치에
간섭을 하면서 조선에 대한 영향력을 더 단단히 하려 했지. 이때
일본은 식민지를 늘리고 대륙으로 세력을 확장하려는 야욕을
품고 있었어. 그러기 위해서 조선은 꼭 거쳐야 하는 관문이었지.
임진왜란 때처럼 말이야. 이렇게 여러 나라가 서로 조선을 차지
하려다 보니 결국 전쟁이 일어날 수밖에 없었던 거지.

주시경은 이런 혼란한 시대에 자신이 할 수 있는 일이 무엇
일지 고민했어. 그러고는 더 이상 과거의 것에 얽매여서는 안 된
다는 결론을 내렸지. 서양의 앞선 학문과 기술을 받아들이고 나
라를 발전시키는 한편, 우리말과 글을 토대로 우리 민족의 정신

현재는 역사박물관이 자리한 배재학당 동관의 모습

을 바로 세워야 한다고 말이야. 그래서 주시경은 좀 더 본격적으로 공부해 보기로 결심하고 고향으로 돌아가 아버지께 지금까지 공부했던 한학을 버리고 새로운 학문을 공부하겠다고 말씀드렸어. 처음에는 반대하셨던 아버지도 주시경의 뜻이 이미 굳어졌다는 것을 느끼고 허락하셨지.

1894년 9월, 주시경은 정식으로 배재학당에 입학했어. 이때 그가 제일 먼저 한 일은 바로 머리를 자른 거였어. 신체발부수지부모身體髮膚受持父母라는 말을 들어 봤어? 내 몸은 부모님이 주신 것이니 머리카락 한 올도 함부로 잘라서는 안 된다는 의미야. 조선 시대의 효 사상을 단적으로 보여 주는 말이지. 주시경이 머리를 자른 이후인 1895년에는 나라에서 머리를 짧게 자르라는 단발령을 선포했는데, 선비들이 목숨을 버리면서까지 반대하기도 했어. 그런 시대에 대뜸 머리를 잘라 버린 걸 보면 주시경은 허례허식보다 실리를 중시하고 큰 뜻을 따른 사람이었다는 걸 알 수 있지.

주시경은 배재학당에서 열심히 공부했어. 새로운 것을 배울 때마다 더 많은 것을 배우고 싶어졌고 세상을 보는 눈도 점점 넓어졌지. 그러나 혼란한 정국 속에 큰집의 살림도 어려워지면서 배움의 길이 또 막히고 말았어. 1895년 7월, 하릴없이 주시경은 인천에 있는 이운학교로 향했어. 이곳은 항해술을 가르치는 학교였는데 관청에서 장학금을 받으며 다닐 수 있었기 때문이야. 그런데 이게 오히려 또 다른 기회였던 걸까? 주시경은 이운학교에서 자연과학과 수학에 흥미를 느끼고 몰두하면서 언어의 규칙을 과학이나 수학처럼 정확하게 정리하는 방법을 고민해 보게 돼. 경제적 형편 때문에 옮긴 학교였지만 여기서 한 공부가 훗날 우리 국어 문법을 정리하는 데 큰 도움이 되었던 셈이지.

이 무렵 청일전쟁에서 승리한 일본은 조선을 제 나라인 양 좌지우지하려 했어. 급기야 러시아를 이용해 일본을 견제하려던 명성황후를 살해하고 고종을 경복궁에 가두기까지 했지. 이 사건을 을미사변이라고 하는데, 이 일로 신변에 위협을 느낀 고종은 세자와 함께 탈출해서 러시아 공사관으로 피신하게 돼. 그러면서 안타깝게도 조선은 일본에 이어 러시아의 간섭도 받게 되었지.

그 여파는 주시경에게까지 미쳤어. 바로 이운학교가 문을 닫게 된 거야. 졸업하면서 바로 마산항 지사장으로 임명되었던 주시경은 형편이 좀 나아지리라 기대했지만 그 역시 취소되고 말았어. 가난은 정말 끈덕지게 주시경을 따라다녔어.

〈독립신문〉과 독립협회

주시경은 배재학당으로 돌아왔어. 형편이 너무나 어려워서 배재학당 안에 있는 인쇄소에서 일을 하며 공부해야 했어. 일도 하고 공부도 하려면 몸이 많이 고단했을 텐데도 그는 수업 중엔 한눈파는 일이 없었고, 늘 밤늦게까지 공부를 했지.

주시경은 1896년, 스물한 살의 나이에 결혼을 했어. 지금 기준으로는 너무 일찍 결혼한 게 아닌가 하는 생각이 들겠지만 당시 기준으로는 늦은 나이였어. 집안에서 재촉했을 정도였지.

이름을 상호에서 시경으로 바꾼 것도 이때였어. 신혼 생활도 잠시, 열심히 공부하겠다는 그 이름처럼 그는 집을 떠나 다시 배재학당 인쇄소에서 일하며 공부했어. 아내의 입장에서는 많이 서운했을 것 같아. 하지만 그만큼 배움에 대한 주시경의 열의가 컸던 거지.

이 무렵 주시경은 아주 중요한 인연을 만나게 돼. 바로 〈독립신문〉을 창간한 서재필이지. 당시 서재필은 배재학당에서 지리를 가르치고 있었거든.

지식 더하기

〈독립신문〉

〈독립신문〉이 처음 발간된 건 1896년이야. 우리나라가 주권을 잃은 건 1910년인데 왜 벌써 '독립'이라고 했을까? 바로 일본이나 러시아 같은 외세에 나라가 계속 흔들리고 있었기 때문이야. 그런 와중에 자주독립 국가로서 위치를 단단히 하자는 뜻에서 신문에 '독립'이라는 이름을 붙인 것이지.

서재필은 1884년 김옥균, 박영효와 함께 서구식 근대화를 목표로 갑신정변을 일으켰다가 실패하고 미국으로 망명했어. 그는 미국 시민이 되어 낮에는 일하고 밤에는 공부해서 의대에 들어갔고 의사로 개업했지. 이후 1894년 갑오개혁으로 갑신정변에 대한 사면이 이루어지자 서재필은 다시 조선으로 들어왔어.

수업 때 그는 서구 열강이 다른 나라를 점령해서 식민지를 만들어 가던 당시 상황을 이야기하며 조선도 독립 국가 지위를 유지하려면 국민들이 먼저 눈을 떠야 한다고 강조하곤 했지. 주시경 역시 그의 말에 크게 공감하고 있었는데, 서재필은 평소 우리말과 글을 연구하던 주시경을 눈여겨보고 있다가 어느 날 그를 불렀어.

"시경 군. 이렇게 자네를 부른 건 다름이 아니라, 내가 큰일을 하나 해 보려는데 자네만 괜찮으면 일을 좀 맡아 주었으면 해서일세."

"네? 무슨⋯."

"신문을 하나 만들어 보려 하네. 이대로 외세에 우리가 흔들리고만 있어서는 안 되지 않겠는가. 이 신문으로 백성들의 의식을 깨워야 하네. 우리가 온전한 자주국으로서 굳건하려면 그 힘은 백성으로부터 나오는 것이니 말일세."

"맞는 말씀이십니다. 저도 요즘 나라 상황 때문에 걱정이 많았습니다. 그런 큰 뜻을 품고 계신 줄 미처 몰랐습니다."

"백성이 신문을 읽으려면 무엇이 가장 중요하겠는가?"

"누구나 읽을 수 있는 우리글로 만든 신문이어야 합니다!"

"바로 봤네. 그래서 내가 자네를 부른 걸세."

1896년 4월 7일, 마침내 우리나라 최초의 민간 신문인 〈독립신문〉 창간호가 세상의 빛을 보게 되었어. 이 신문은 한자 없이 순 우리글만으로 만든 신문이었기 때문에 주시경의 감격은 이루 말할 수 없을 정도였지. 마지막 면인 4면은 미국인 선교사인 헐버트의 도움을 받아 영문으로 제작했는데, 이건 다른 나라도 조선의 사정을 알 수 있도록 하기 위해서였어.

주시경은 밤낮으로 공부와 이 일에 매달렸어. 처음에는 300부를 찍었던 〈독립신문〉은 그런 노력 덕에 얼마 지나지 않아 하루에 3,000부 이상 찍어 내게 되었지. 또 우리글로만 쓰여 있었고, 이전까지 우리글에 없던 띄어쓰기를 도입했기 때문에 누구나 쉽게 읽을 수 있었어. 그래서 나랏일을 모르던 사람들도 점차 세상이 어떻게 돌아가고 있는지 알게 되었지.

지식 더하기

띄어쓰기

우리글에는 원래 띄어쓰기가 없었어. 훈민정음에도, 최초의 한글 소설이라는 《홍길동전》에도 띄어쓰기는 없었어. 재미있게도 우리글로 띄어쓰기를 처음 한 사람은 존 로스라는 스코틀랜드 출신의 선교사야. 그는 1877년에 《조선어 첫걸음》이라는 책에서 띄어쓰기를 처음 사용했어. 본격적으로 띄어쓰기를 한 건 〈독립신문〉이었고 말이야. 아마 글을 쓸 때 늘 띄어쓰기가 고민될 거야. 그만큼 복잡하기는 하지만 띄어쓰기 덕분에 글을 편하게 읽을 수 있게 된 것도 사실이지!

1896년 7월에는 독립협회가 만들어지고 주시경도 간부로서 일을 하게 돼. 독립협회는 '만민공동회'라는 민중 집회를 만들었는데, 만민공동회에서는 정치나 사회 문제에 대해 강연회나 토론회를 열곤 했어. 그런데 이런 과정에서 사람들이 세상에 대해 알게 되고 독립협회가 조정의 잘못된 점에 대해 비판을 하기도 하자 조정의 부패한 관리들은 이를 못마땅하게 여기기 시작했어. 그래서 이들은 고종 황제에게 독립협회가 황제를 끌어내

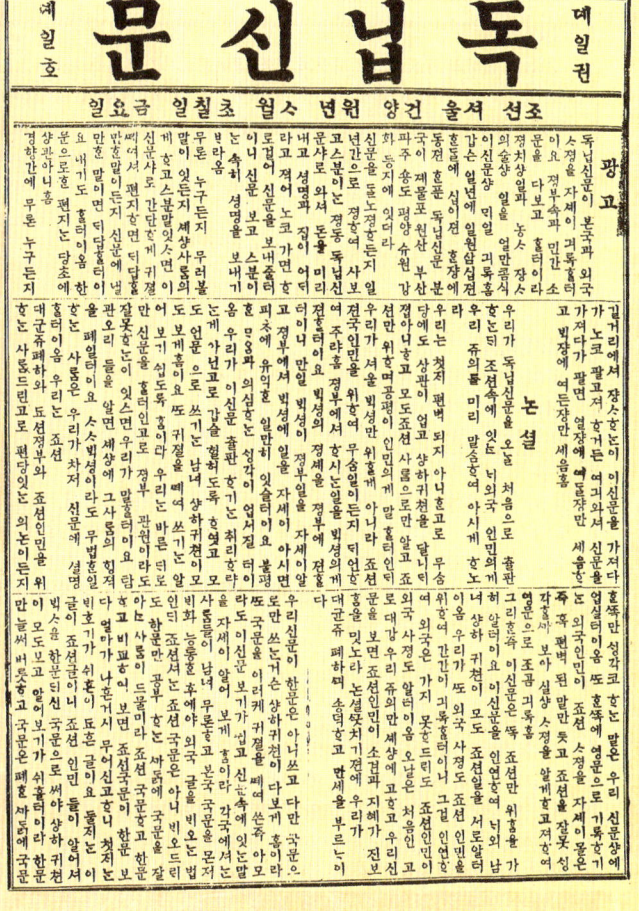

〈독립신문〉 창간호 1면

리려 한다는 거짓 보고를 올렸어. 결국 서재필은 다시 미국으로 추방되고, 1898년에는 다수의 독립협회 임원들이 잡혀갔어.

그러나 우리글로 된 신문을 읽어 온 국민들은 더 이상 과거의 아무것도 모르던 사람들이 아니었어. 탄압이 거세질수록 더 많은 사람이 모여들어 목소리를 내었고 결국 나라에서도 독립협회 임원들을 풀어 줄 수밖에 없었지. 그럼에도 관리들은 갖은 방법으로 독립협회를 없애려 했고 결국 독립협회와 만민공동회를 불법 단체로 규정하고 해체해 버렸지. 아쉬운 사건이지만 그래도 이때 사람들은 민중의 목소리가 지닌 힘이 얼마나 큰지 깨달았어. 그 깨달음은 이후 3·1운동의 원동력이 되어 다시 나라를 움직이게 돼.

한글의 이름을 짓다

1898년 12월, 주시경은 《대한국어문법》을 탈고했어. 이 책은 1906년에 정식 출판되었는데, 그 전에는 주시경이 학생들을 가르칠 때 교재로 사용했지. 주시경의 독특한 이론과 맞춤법에 대한 주장이 담겼는데, 이후 우리말과 글 정립의 기초를 마련했다고 할 수 있는 중요한 책이야.

주시경은 연구와 저술 활동을 이어 가서 1905년에는 《국문문법》을, 1908년에는 어린 학생을 위한 교과서인 《국문초학》을

대한국어문법　　쥬시경 젹

말과글

일문　말이 무엇이뇨

답　뜻을 표ᄒᆞᄂᆞᆫ 것이니라

이문　말이 쓸틱가 무엇이뇨

답　인류가 셔로 인연 되여 사ᄂᆞᆫ 고로

그 뜻을 셔로 통ᄒᆞ여야 홀 것인틱

말은 그 뜻을 통ᄒᆞᄂᆞᆫ 틱 쓰ᄂᆞᆫ 것이

니이다

삼문　말로 뜻을 엇더케 달은 사람에게

5

1906년 정식 출판된《대한국어문법》

주시경과 함께 가로쓰기를 주장한 지석영

출판했어. 그리고 국어 강습소를 운영하면서 만난 졸업생들, 뜻
이 같은 사람들을 모아서 '국어연구학회'를 만들기도 했지. 이 학
회는 이후 만들어질 '한글학회'의 뿌리가 됐어. 이런 노력 덕분이
었을까? 1907년, 주시경은 나라에서 만든 공식 우리글 연구 기
관인 '국문연구소'에서 일하게 돼.

　　이 무렵 주시경은 지석영을 만났어. 지석영은 천연두를 예
방하는 종두법을 우리나라에 보급한 의사로 잘 알려져 있는데,
그는 한자를 우리글로 풀이한 사전인 《자전석요》를 펴냈을 정
도로 뛰어난 국어학자이기도 했어. 그리고 주시경과 함께 한글
가로쓰기를 주장했지. 지금이야 가로쓰기가 당연하게 여겨지
만 당시만 해도 세로쓰기를 했거든. 〈독립신문〉 사진만 봐도 알
수 있지.

주시경은 국문연구소에서 여러 국어학자들과 우리글을 어떻게 정리해서 통일된 국어 문법을 마련할지에 대해 고민했어. 잘 쓰이지 않는 'ㆁ, ㆆ, ㅿ, ㅱ, ㅸ, ㆄ, ㅹ'이나 'ㆍ' 같은 글자, 자음의 이름을 어떻게 할지와 같은 문제들을 논의하기도 했지. 그렇게 처음으로 'ㄱ'은 '기윽', 'ㄴ'은 '니은'이라는 이름을 얻게 돼. 이후 'ㄱ'은 '기윽'과 '기역'이 같이 쓰이다가 1933년 〈한글 맞춤법 통일안〉에서 '기역'으로 굳어졌어.

이렇게 연구한 결과로 〈국문연구의정안〉이라는 보고서가 나왔지. 그러나 안타깝게도 헤이그 특사 파견을 이유로 고종이 일제에 의해 강제 폐위되고 나라의 정세가 어지러워지면서 실질적으로 적용이 되지는 못했어.

지식 더하기 ✕ ⊖ ⊗

헤이그 특사

1907년 고종은 네덜란드 헤이그에서 열린 만국 평화 회의에 이상설, 이준 등 특사를 보냈어. 을사조약이 무효이고 대한제국이 독립국임을 알리기 위해서였지. 하지만 일본과 영국의 방해로 뜻을 이루지 못했어.

주시경은 그럼에도 우리말과 글에 대한 연구를 이어 나갔어. 지금껏 학생들을 가르치며 연구한 것을 정리한 《국어문전음학》, 말소리에 관한 연구를 정리한 《말의 소리》 그리고 현대 문법의 종합적인 체계를 개척하여 오늘날 〈한글 맞춤법 통일안〉의 바탕

이 된 《국어문법》을 펴내지. 그 머리말을 간단히 요약하면 다음과 같아.

나라와 겨레와 말은 서로 뗄 수 없는 관계이다.
이제 한문은 물러가고 한글을 쓰는 시대가 되었지만 체계가
세워지지 않았다.
체계를 세우면 우리 겨레와 나라가 잘될 것이다.

그는 우리말과 글을 지키고 제대로 세우는 것이 바로 나라를 지키는 방법이라는 것을 알고 있었던 거지. 말과 글이 곧 그 민족의 정신이니까 말이야.

그런 주시경은 이제 평생의 숙원을 이루어야겠다고 마음을 먹었어. 바로 사전 편찬이야. 우리말과 글이 바로 서기 위해서는, 또 우리말과 글을 제대로 연구하기 위해서는 사전이 꼭 있어야 한다고 생각했거든. 주시경은 사학자이자 작가인 최남선이 우리나라의 귀한 책들을 지키기 위해 만든 '조선광문회'에서 일하며 제자들과 함께 사전 편찬 작업을 시작했어. 이들은 전국 방방곡곡에서 자료를 모아서 정리하고 기준을 세워 분류했지. 상상해봐. 컴퓨터도 없었던 시절에 그 수많은 단어의 뜻을 명확히 세우고 다시 종이에 적어 사전을 만든다니. 정말 엄청난 시간과 노력

이 필요했을 것 같지 않아? 감히 시도해 볼 엄두도 나지 않는 일이야.

그 당시 사전을 '말모이(말을 모아 만든 것)'라고 했어. 주시경이 세상을 떠난 뒤에는 그의 제자들이 이 작업을 이어 가는데, 그 과정을 바탕으로 만들어진 〈말모이〉라는 영화도 있지.

주시경은 시대를 앞서간 가치관을 지닌 사람이기도 했어. 그가 〈가정잡지〉라는 여성 잡지에 남긴 글을 보면 여성이 많이 배워야 좋은 부모가 될 수 있고, 자녀는 그런 부모를 본받아 또 좋은 부모가 되어 결국은 나라가 바르게 될 수 있다는 이야기가 나와. 당시에는 여자는 공부를 할 필요가 없다는 사회적 분위기가 있었는데, 주시경은 깨어 있는 눈으로 더 멀리 바라봤던 거야.

그뿐만 아니라 〈독립신문〉에는 '몸을 잘 씻어서 질병을 예방해야 한다. 아픈 것은 병에 걸린 것이지 귀신이 든 것이 아니다. 아플 때는 적절한 치료를 받아야 하며 굿과 같은 미신에 기대서는 안 된다.'라는 내용의 글을 싣기도 했어. 당시 사람들은 병에 걸리면 민간요법을 쓰거나 무당에게 치료를 부탁하곤 했는데, 주시경은 그런 잘못된 생각들을 바꿔서 모두가 더 나은 삶을 살기를 바랐던 거지.

이 외에도 주시경은 베트남이 프랑스에 지배당하는 과정을 그린 《월남망국사》를 번역하기도 했지. 《월남망국사》에 그려진 베트남의 상황은 당시 우리나라의 상황과 너무나 유사했기 때문에 많은 사람에게 일제에 대한 경각심을 일깨웠어.

한글 연구에 뜻을 세우면서 주시경은 자신의 호를 '한힌샘'이라고 지었어. 그 뜻은 '크고 맑은 샘물'이지. 호도 우리말로 지을 정도로 그는 우리말을 사랑했어.

그리고 이 무렵 아주 중요한 일이 일어났어. 바로 '언문', '아해글'이라 불리던 우리글에 주시경이 새로운 이름을 붙인 거야. 우리 한민족이 쓰는 글이며 '크다', '바르다', '으뜸이다'라는 뜻이 담긴 글. 마침내 '한글'이라는 말이 탄생한 거지.

말이 오르면 나라도 오른다

1910년 8월, 일제가 강제로 한일병합조약을 체결하면서, 나라를 잃는 치욕적인 사건이 일어났어. 이를 경술국치라고 하는데, 이후 일제는 무단 통치를 시작하면서 민족주의 성격을 띠는 활동들을 모두 막기 시작했지. 사전을 편찬하는 작업도 중단될 수밖에 없었어. 일제는 주시경과 제자들의 활동을 방해하고 이들이 만들었던 단체들도 모두 해산해 버렸거든.

더는 우리말을 '국어'라고 부를 수도 없게 되었어. 이제 '국어'는 '일본어'를 의미하는 말이 되어 버렸으니 말이야. 심지어 일제는 주시경이 또 무슨 일을 벌이지 않을까 감시하기까지 했어. 그

무단 통치

한일병합조약으로 대한제국의 국권을 가져간 일제가 3·1운동 이전까지 10년간 펼쳤던 통치 방식이야. 이 시기 일제는 헌병을 동원해서 조선인들을 짓밟았어. 총독의 허가 없이는 회사를 세울 수도 없는 회사령을 내리고 토지 조사 사업을 벌여 많은 조선인의 땅을 빼앗아 가기도 했어.

러나 주시경은 이에 굴하지 않고 계속해서 사람들을 가르치고 깨우쳤어. 우리말의 원리와 한글, 그동안 자신이 공부해 온 다양한 분야의 새로운 지식을 가르쳤지. 그렇게 주시경은 '주보따리'가 되어 밤낮없이 여기저기 강의를 다니고 남는 시간에는 우리말과 한글을 연구했어.

　주시경이 이렇게 억압에도 아랑곳없이 나라를 위한 활동을 하자 일제는 방법을 바꿔서 그를 달래야겠다고 생각했어. 앞서 주시경이 평생을 가난하게 살았다고 했었지? 바로 그것을 이용하려 한 거야. 하루는 총독부의 관리가 주시경을 찾아왔어.

　"주시경 선생. 우리와 함께 일해 보는 것이 어떻겠소?"

　"그게 무슨 소리요?"

　"집안 형편을 보니 많이 힘들어 보입니다. 우리가 좋은 관직에 선생을 앉히고 보수도 넉넉하게 드릴 수 있을 것 같은데 말입니다."

"나는 내 한 몸 편하자고 우리말과 글을 연구하는 게 아니오."

"아, 그 연구도 얼마든지 할 수 있는 여건을 만들어 드리겠습니다. 다만 우리 일본 제국을 위한 일이라면 말입니다."

"내 비록 지금은 망국의 백성이지만 내가 우리말과 글을 연구하는 것은 오로지 우리 얼을 지키고 내 나라를 되찾기 위해서요. 그런 말은 더 들을 가치도 없소. 썩 꺼지시오!"

주시경은 호통을 치며 관리를 쫓아냈어. 나라를 사랑하는 그의 마음은 조금도 흔들리지 않았지. 하지만 이 일 때문에 그는 점점 더 많이 일제의 간섭을 받게 되었어.

1914년 7월 26일 밤, 주시경은 여느 때와 다름없이 말모이 작업에 매진했어. 그리고 조만간 일제의 압박을 피해 많은 독립 운동가가 활동하고 있는 만주로 건너갈 계획도 세우고 있었지. 그런데 갑자기 심한 복통이 찾아왔어. 그날 저녁으로 먹은 것이라고는 차가운 밥과 된장, 그리고 옆집에서 얻어 온 상추 몇 장이 다였어. 그런데 그동안 연구하고 사람들을 가르치는 일에 몰두하느라 자신의 몸을 돌보지 않아 심한 체증이 찾아온 거였지. 너무나 고통이 심해서 말 한마디 제대로 할 수 없을 정도였어. 자식들이 늦은 밤 의원을 찾아가 봤지만 이미 모두 불이 꺼진 뒤였지. 결국 어느 의원에서 일본인 의사를 겨우 깨워서 데리고 왔는데, 그는 그저 느긋하게 진료를 본 뒤 며칠 자고 나면 괜찮을 거라고만 하고 가 버렸어.

1914년 7월 27일 오전 6시, 결국 주시경은 39세의 젊은 나이로 세상을 떠나고 말았어. 유언 한마디 남기지 못한 허망한 죽음이었지. 그러나 그의 뜻은 이어져서 그의 제자들이 계속해서 우리말과 글을 연구하고 지켜 나가게 돼.

늘 가난했고, 늘 열심이었던 사람, 또 늘 우리말과 글을 아끼고 나라를 사랑했던 사람. 주시경은 1980년 건국훈장 대통령장에 추서되었어.

끝으로 주시경이 저서 《한나라말》에 남긴 이 말에 대해 우리 같이 한번 생각해 보자.

말이 오르면 나라도 오르고 말이 내리면 나라도 내리나니라.

'한 번' 읽어서 모르겠으면
알 때까지 '한번' 읽어 봐!

띄어쓰기에 따라 단어의 뜻이 달라져서 헷갈렸던 적 있어? 이렇게만 이야기하면 잘 이해가 가지 않지? 예시를 한번 보자.

앗! 방금 쓴 문장이 바로 예시가 될 수 있겠어.

"예시를 (한번/한 번) 보자."

이 문장에서 '한번'을 띄어 쓰는 게 맞을까? 아니면 붙여 쓰는 게 맞을까? 정답은 '붙여 쓴다'야. 그런데 다음 문장은 어떨까?

"나는 방 탈출 카페에 딱 (한번/한 번) 가 봤어."

이번엔 '띄어 쓴다'가 정답이야. 두 문장의 차이를 혹시 눈치챘니?

'한 번'이라고 띄어 쓰는 건 일의 횟수를 뜻해. 반면에 '한번'으로 붙여 쓰는 건 '지난 어느 때나 기회', '어떤 일을 시험 삼아 시도함', '기회 있는 어떤 때에', '어떤 행동이나 상태를 강조할 때', '일단 한 차례'와 같은 뜻이지. 어렵다고? 간단하게 이해할 수 있는 방법을 알려 줄게.

'한번' 또는 '한 번'이 쓰인 자리에 '두 번', '세 번' 같은 말들을 대신 넣어 봐. 그렇게 해도 말이 된다 싶으면 '한 번'으로 띄어 쓰고, 아니면 '한번'으로 붙여 써 주면 돼. 그러면 문제를 내 볼게.

① 나도 (한번/한 번) 해 볼까?

② 우리 집에 (한번/한 번) 놀러 오세요.

③ 고작 (한번/한 번) 도전해 보고 포기하는 거냐?

①은 '한번'이야. "나도 두 번 해 볼까?"는 이상하지? ②도 '한번'이야. "우리 집에 세 번 놀러 오세요."라고 말하는 사람은 없잖아? ③은 '한 번'이야. "고작 두 번 도전해 보고 포기하는 거냐?"라고 해도 어색하지 않으니까 말이야. 어때? 이제 완전히 이해했지?

생활 속에서 이런 점들을 잘 살펴서 올바른 띄어쓰기를 실천해 보기를 바라.

2

고문에도 꺾이지 않은 독립 의지

↓

이윤재

1888~1943

국어학자·독립운동가·교육자

1942년, 일제는 조선어 사전 편찬을 하던 조선어학회를 독립운동 단체로 몰아 회원들을 체포하고 재판에 넘겼어. 결국 학회는 강제로 해산되었고, 회원들은 감옥에 갇혔지. 이 사건을 '조선어학회 사건'이라고 해.

조선어학회 사건으로 감옥에 수감된 여러 학회원은 고통의 나날을 보내고 있었어. 수시로 불려 가 고문당하는 건 당연한 일이었고, 감방 안에서 귓속말이라도 나누려 하면 간수가 달려와 발길질을 해 댔어. 그래도 우리 민족은 그런 상황일수록 오히려 즐거운 일에 기대 이겨 내려 하잖아. 이들은 감옥의 '삼희성', 즉 세 가지 듣기 좋은 소리를 고안해 냈어. 하루 세 번 들리는 "밥이요!" 소리, "취침!" 하는 소리, 그리고 "우편이요!" 하는 소리를 두고 하는 말이었지.

조선어학회 사람들은 감옥에서도 어떻게든 웃을 일을 만들고, 긍정적으로 생각하며 버티려 했던 모양이야. 그렇게 노력했지만 너무도 모진 고문으로 인해 결국 감옥에서 숨진 분이 바로 이윤재야.

나의 목표는 조국 독립

이윤재는 1888년 12월, 경남 김해에서 태어났어. 1894년부터 1905년까지 마을 서당에 다녔는데, 이때 사서삼경을 독파하고 재주가 뛰어나 신동이라는 소리를 들었어. 그리고 훈장님께 역사 이야기들을 많이 듣곤 했다는데 그 덕분인지 나중에 역사와 관련된 저술 활동도 활발히 했지.

이윤재의 호는 환산, 한메, 한뫼 등으로 불렸는데 환桓이 단군을 의미하는 글자라서 환산은 '우리나라 산', 한메 또는 한뫼는 '큰 산'이라는 의미를 가지고 있어. 앞서 만났던 주시경의 호 '한힌샘'은 '크고 맑은 샘'이라는 뜻이었잖아? 우리말을 연구한 분들은 대개 이렇게 우리말로 지은 예쁜 호를 가지고 있었지. 한 번쯤 우리말로 된 자기만의 호를 지어 보는 것도 좋겠어.

이윤재는 1905년부터 1906년까지 김해에 있던 공립보통학교, 1906년부터 1907년까지 대구의 계성학교에 다녔어. 그리고 다시 김해로 돌아와 1908년 3월 김해공립보통학교를 제1회 졸업생으로 졸업했어. 이후 그는 김해 지역의 여러 학교에서 학생들을 가르치다 1911년부터 1913년까지 마산 창신학교에서 조선어와 역사를 가르쳤어. 마산 창신학교는 이후에 소개할 국어학자 이극로가 다닌 학교이기도 해. 그리고 시기도 어느 정도 겹치는데, 여러 자료를 찾아봤지만 이극로가 이윤재에게 배웠다는 이야기는 없었어.

이윤재는 창신학교에서 이후 평생 친구로 지내게 되는 김윤경을 만났어. 이윤재는 김윤경이 주시경의 《국어문법》으로 학생들을 가르친다는 말을 듣고 이를 읽어 본 후 같이 그 내용에 대해 토론하기도 했어. 그 과정에서 한번 배워 본 적도 없는 주시경의 가르침과 우리말글 사랑에 깊은 감명을 받아서 그의 학문을 따르기로 마음먹었다고 해.

이윤재는 늘 한복을 입고 학생들을 가르쳤고 수업 중에는 우리 민족의 역사와 문화, 정신에 대한 이야기를 많이 했다고 해. 학생이 일본어를 쓰거나 흉내를 내면 호되게 야단치기도 했어. 또 학교에 일본인과 친하게 지내는 선생님이 있었는데 이윤재는 그에게 "당신은 창신학교의 선생 자격이 없소. 당신은 나라를 빼앗은 강도와 가까우니 교육자로서 의심이 가오."라고 말하기도 했대. 당시는 1910년 경술국치로 나라를 잃은 이후 1년밖에 지나지 않은 시점이라 일제의 감시도 무척 심했어. 그런 만큼 일제 경찰이 늘 그를 지켜보기는 했지만 그의 훌륭한 인품과 인격을 그들도 느끼고 함부로 하지는 않았다고 해.

이윤재는 1919년, 평안북도 영변의 숭덕학교에서 학생들을 가르치다 독립선언서를 나눠 주는 등 그 지역 3·1운동을 주도했어. 그래서 1년 6개월의 징역형을 받았는데 그때 재판부에서 그는 이렇게 말했어.

조선 민족이 독립을 획득하는 것은 강탈당한 물건을 되돌려 받는 것과 같으므로 죄가 되지 아니한다. 독립선언서는 불온한 문서가 아니고 그것을 반포한 것도 보안법에 위배되는 것이 아니다.

이윤재의 당당함과 나라 사랑하는 마음이, 그리고 높은 인격도 느껴지지 않아? 이 일 이후 이윤재는 1921년, 베이징 대학 사학과에 들어가서 공부했어. 그리고 단재 신채호를 만나 그의 민족주의 사학을 받아들였지. 그래서인지 나중에 그가 쓴 역사적 인물들에 대한 글을 보면 영웅에 대한 것이 많아. 대표적으로 《성웅 이순신》을 썼는데, 초판이 발매되자마자 품절이 되어 버렸지. 그래서 재판을 찍어 내려 했는데, 일제의 검열로 더 낼 수 없었다고 해. 이후 전개하는 우리말글 운동이나 조선어학회 활동도 모두 우리 민족의 정신을 지키고 독립 의식을 북돋우기 위한 것이었지. 이윤재의 목표는 조국의 독립이었어.

가진 것을 다 팔더라도

1923년 여름, 이윤재는 다시 조선 땅으로 돌아왔어. 평안북도 정주의 오산학교에서 학생들을 가르치기도 했는데 수업 중 한글의 역사를 교육한 것이 적발되어 강제로 해직됐어. 1925년부터는 서울의 협성학교에서 학생들을 가르쳤는데, 이때도 독립운동을 하던 청년을 도와주다 적발되는 바람에 일제는 이윤재를 갑종 요시찰인으로 규정하고 한시도 눈을 떼지 않고 감시하기 시작했어.

지식 더하기

갑종 요시찰인

일제 경찰은 일제에 따르지 않는 사람들을 '요시찰인'으로 규정했는데, 위험성의 정도에 따라 '갑종'과 '을종'으로 분류했어. 요시찰인은 바로 오늘날 '블랙리스트'와 같아. 재미있는 건 당시에도 이 용어가 사용되었다는 거야. 1928년 7월 자 〈동아일보〉를 보면 이런 표현이 나와. "개명되는 소위 '뽈랙크리스트'에 드는 사람은 3천 명 내외에 달하여 3·1운동이 일어나던 기미년까지 약 1천 명에 불과하던 것이 그 후 차차 증가해 현재의 3천 명에 달한 것…"

이윤재는 일본 제국주의라면 치를 떠는 사람이었어. 그는 1929년부터 1933년까지 연희전문학교에서 조선어 강사로서 학생들을 가르쳤는데, 출근할 때면 왜놈들에게 전찻삯 5전을 주는

것이 싫어 걸어 다녔고, 그렇게 하면서도 조선총독부 건물을 보기 싫어 일부러 훨씬 먼 길로 돌아갔다고 해.

이런 일도 있었어. 그가 베이징에 가 있던 동안 그의 부모님을 신경 써 준 마을 유지가 있었는데, 그 사람 아들이 결혼식을 일제 간부들이 모여 사는 거리에서 했었어. 이윤재는 평소 그곳을 '왜놈들 거리'라며 결코 발을 들인 일이 없었어. 그래서 그곳으로 들어가는 길목에서 몇 시간을 장승처럼 서서 기다렸다가 그 유지가 그 길로 나올 때 축의금을 전달하고 갔다고 해. 의리도 지키면서 자신의 신념도 지킨 셈이었지. 이런 이야기들만 봐도 그의 인품이 보이지 않니?

이윤재는 꽤 많은 일화들이 전해지는데, 하나 더 들려줄게. 1933년에서 1936년까지는 경신학교에서 학생들을 가르쳤었는데, 이때 한 학생이 수업 시간에 '6개월'을 '6ヶ월'이라고 쓴 거야. 'ヶ'는 일본 글자인 가나로 '게'라는 소리가 나. 그때 이윤재는 이렇게 말했대.

"도대체 아름다운 우리말에다 잡스러운 딴 놈들의 말을 넣을 이유가 어디 있어? 이게 우리말이냐, 일본 말이냐? 나는 어차피 감옥에서나 죽게 생겼지만, 너희에게는 독립국 국민으로 떳떳이 살 날이 꼭 온다. 그러자면 지금부터 정신을 똑바로 차려야 하는데, 한 장의 작문에도 일본 글자를 섞지 않고는 못 쓴다는 그런 정신을 가지고서는….”

그러고는 끝내 울기 시작했대. 울기를 마치고 이윤재는 또 이런 말을 했대.

“밭에 세워 놓은 허수아비를 봤을 것이다. 허수아비 머리에 까마귀가 앉은 것도 봤나? 까마귀들이 허수아비는 얼이 없다는 것을 알기 때문에 얕보고 하는 짓이다. 하지만 사람에게는 얼이 있는 것을 아니 까마귀들이 어린아이들 머리 위에도 못 앉는다. 까마귀는 허수아비를 얕보기 때문에 그 머리 위에 앉을 뿐 아니라 먹을 것도 없는 허수아비 머리를 쪼아 대기도 한다. 사람도 마찬가지다. 얼이 없는 사람들은 간악한 외적들에게 얕보이고, 얕보이면 침략을 당한다. 지금 우리가 당하고 있는 것이 그것이다. 얼은 짙은 피와 하나가 돼서 나라를 지키고 그 나라 말을 지킨다. 난 여생이 몇 해나 남았는지 모르지만, 그러다가 저승으로 갈 것이다. 십중팔구는 감옥에서 죽을 것이다.”

이윤재는 조선어학회에도 큰 도움을 주는데, 바로 조선어학회 사무실이 세워질 수 있게 한 거야. 이윤재는 1928년에야 셋방살이를 벗어나 종로구에 있던 초가집 하나를 매입했어. 당시 조선어학회는 다른 곳에 사무실을 임대해서 일을 해 오고 있었는데, 이윤재의 집에 자주 가곤 했던 이극로가 그의 집 공터를 조선어학회 회관 터로 쓰면 어떻겠냐고 제안했어. 이윤재는 그 자리에서 허락했고 이극로는 건축업을 하면서 민족주의 운동을 하고 있던 정세권에게 건물을 지어 달라고 부탁했지. 그러자 정세권은 자신이 이윤재 집터의 일부를 매입하고 그 자리에 집을 지은 뒤 조선어학회에 기증하겠다고 했어. 이윤재는 이 이야기를 듣고는 시세보다 싸게 자신의 땅을 정세권에게 팔았고 말이야. 이윤재는 자신도 가난했지만 대의를 위해서는 무엇이든 했던 거야.

그렇게 조선어학회 건물이 지어졌어. 2층짜리 양옥이었지. 1층에는 조선어학회 간사장인 이극로가 살고 2층은 사무실 겸 사전 편찬실로 쓰기로 했어. 이렇게 되고 보니 이윤재는 일이 있으면 바로 사무실로 건너갈 수 있게 되어 좋지 않았을까? 안타깝게도 아니야. 이후 이윤재는 형편이 어려워져서 이 건물이 지어지고 1년 반 정도 뒤에 집을 팔고 다른 곳으로 가게 돼.

1934년 4월, 이윤재가 조선어학회 기관지인 〈한글〉 편집을 맡아 발행할 때의 일이야. 당시 이 책에는 우리말과 한글에 대한 여러 정보, 문예 작품과 역사 강좌 등이 실리곤 했어. 그러나 조선어학회는 나라를 생각하는 사람들의 도움을 받아 겨우 꾸려 갔던지라 늘 재정난에 시달렸지. 이윤재도 편집인으로서 보수를 받지 못할 때도 많았는데, 그에게는 그보다 〈한글〉이 원활하게 발행되는 게 더 중요했던 모양이야. 한번은 여러 호의 〈한글〉 인쇄비가 밀리자 한성도서주식회사에서 더 이상 인쇄를 해 줄 수 없다고 통보해 왔어. 그러자 이윤재는 인쇄소에 찾아가 이렇게 말했대.

"인쇄비를 떼어먹을까 염려되어 그러하오? 그렇거든 내 저작권을 맡아 팔아 쓰고 〈한글〉 인쇄를 계속해 주시오."

이때 이윤재가 말한 '저작권'은 바로 그의 책 중 하나인 《문예독본》의 저작권이었어. 이 책은 당시 출간되자 4,000부가 넘게 팔렸고, 재판을 찍어 내기로 결정된 상태였어. 형편이 좋지 않았던 이윤재는 그나마 자신의 벌이가 될 수 있는 수단이기도 했던 책의 판권을 인쇄소에 넘겨 버렸던 거야. 그렇게라도 〈한글〉을 발행하여 우리말과 글의 소중함을 알리고 민족의식을 북돋우고자 했던 거지.

한글을 지키려 치욕을 견디다

영화 〈말모이〉를 보면 표준어와 사투리를 나누기 위해 공청회를 여는 장면들이 나오는데, 그중에는 '엉덩이'와 '궁둥이'의 차이를 두고 고민하는 부분이 있어. 실제로 사전을 편찬할 때도 이 부분 때문에 많은 고심을 했다고 해. '궁둥이'와 관련된 어휘를 수집해 놓고 보니 궁둥이, 궁뎅이, 엉덩이, 엉뎅이, 응덩이, 응뎅이, 방둥이, 방뒹이 등등 너무나 많은 어휘가 있었던 거지. 이때

한 위원은 정말로 엉덩이까지 내놓고 어디까지가 '궁둥이'인지, '엉덩이'인지 또 어디가 '방둥이'인지 의논했을 정도였다고 해.

"우리 속담에 궁둥이 내외란 말은 있어도 엉덩이 내외란 말은 없소. 그러니 일단 궁둥이와 엉덩이는 분명 다른 부위요."

"사람들이 쓰는 말로만 의미를 나누자니 너무 어렵군요. 심지어 볼기짝이라고 할 때의 볼기라는 말도 있는데…."

이런 식으로 여러 이야기가 오간 끝에 이렇게 결론을 냈지.

"자, 그러면 이렇게 합시다. 볼기는 '뒤쪽 허리 아래 허벅다리 위의 좌우로 살이 두둑한 부분'이고 볼기를 기준으로 보자면 엉덩이는 '볼기 위의 부분'이고 궁둥이는 '엉덩이 아래로 앉으면 바닥에 닿는 부분'이라고 하면 어떻소?"

"좋습니다!"

"저… 그런데 방둥이, 방디, 궁디, 응디 같은 말들은 어떻게 합니까?"

"아이고. 그건 또…."

그야말로 산 넘어 산이었지. 위원들은 그래도 결론을 냈어. '궁디'는 궁둥이의 경상도 사투리, '응디'는 엉덩이와 관련이 있어 보이지만 사실 그게 아니라 웅덩이의 경기도 사투리, '방둥이'는 길짐승이나 사람의 엉덩이를 속되게 이르는 말, '방디'는 방둥이의 경북 사투리라고 말이야. 이런 식으로 16만 개가 넘는 단어의

이윤재

의미를 나누고 또 정리했다니 정말 대단하지 않아?

　이윤재는 이런 일들을 하면서도 강의를 다니고 책을 저술하면서 바쁜 나날을 보냈어. 그래서인지 당시 문학전집 같은 것이 나올 때 이윤재에게 교열을 받고 '한글 교정 이윤재' 같은 말을 내세워야 책의 권위가 섰다고도 해.

　그러다 이윤재가 최현배, 이극로 등과 함께 겪었던 조선어학회 사건이 터지고 말았어. 여기서는 이 사건의 전말을 좀 더 자세히 다뤄 볼게.

　조선어학회는 사전 편찬에 모든 걸 걸고 있었어. 어떻게든 사전만은 만들어 내야 한다며 이극로는 경찰, 조선총독부의 인사들과 접촉하며 손을 썼지. 심지어 친일파 한상룡 같은 사람과도 친분을 가지고 그의 부인에게 명절 선물까지 보내면서 항일 단체라는 의심을 받지 않으려 노력했어. 이후 역사에서 자칫 친일로 기록될 수도 있는 행동이지만 사전을 펴내고 그로써 민족의 정신을 지킬 수만 있다면, 그렇게 해서 독립을 할 수만 있다면 그 정도는 감수할 수 있다고 생각했어.

　그리고 당시 모든 출판물에는 의무적으로 조선총독부가 정한 맹세인 '황국신민서사'를 실어야만 했는데, 조선어학회의 기관지인 〈한글〉도 예외는 아니었어. 민족의 말과 글을 담은 책에 이런 걸 실어야만 했던 학자들은 얼마나 치욕스러웠을까? 바로

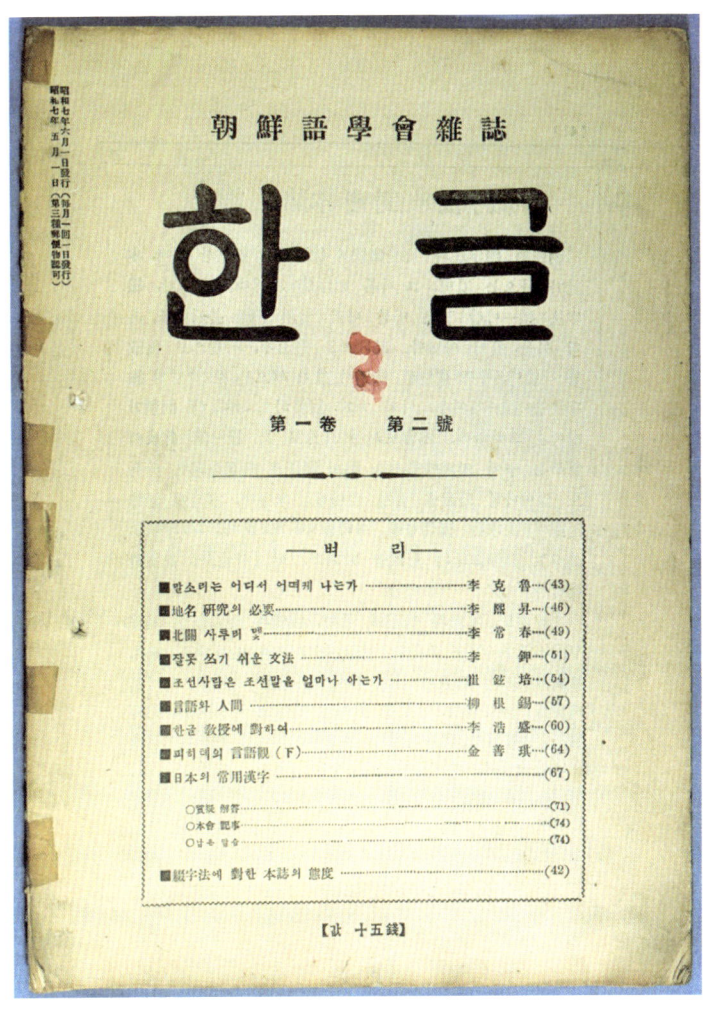

朝鮮語學會雜誌

한 글

第一卷　第二號

昭和七年六月一日發行（每月一回一日發行）
昭和七年五月一日（第三種郵便物認可）

【값 十五錢】

조선어학회 기관지였던 〈한글〉

그런 과정들을 모두 견디면서 펴내려고 했던 사전이었던 거지. 그런데 그 사전의 첫 번째 권 출간이 눈앞에 다가온 시점에 일이 터졌던 거야.

1942년 3월, 함경남도 홍원 기차역 대합실에서 박병엽은 함께 일본 메이지 대학에서 유학했던 친구 지장일을 기다리고 있었어. 지장일이 결혼식 때 입을 옷을 빌려달라고 했거든. 그런데 한복을 입고 있던 그를 곱지 않은 시선으로 쳐다보는 이가 있었어. 바로 홍원경찰서 보안계 형사 후카자와였어. 그는 기차 승객 검문을 위해 나와 있다가 한복을 입은 박병엽이 보이자 한참을 지켜보다 범죄자 다루듯 이름을 물었어.

"나는 박병엽이오."

당시 일제 경찰은 조선인에 대해 불심검문을 실시하거나 조금이라도 수상하면 임의로 경찰서로 끌고 갈 수 있는 권한이 있었거든. 박병엽은 기분이 나빴지만 물어보는 대로 대답을 해줄 수밖에 없었어. 후카자와는 그가 이름을 일본식으로 바꾸지 않았고 국어(일본어)도 쓰지 않으며, 한복을 입은 것을 바탕으로 그를 '불령선인', 그러니까 일제의 정책을 따르지 않는 불온한 조선인이라고 생각했어. 후카자와는 속으로 한 건 건졌다는 생각에 기뻐하며 박병엽의 신상을 조사하기 시작했어. 그런데 그의 아버지가 박동규라는 말에 잠시 갈등을 했어. 박동규는 홍원 지역의 유일한 사학인 육영학원을 운영하던 사람이었거든. 당연히 그 지역 일제 관리나 경찰 간부와도 연이 닿는 사람이었지. 괜히 건드렸다가 자기만 안 좋은 꼴 당하는 건 아닌가 싶었던 거야.

하지만 후카자와는 오히려 기회가 될 수도 있다는 생각에 도박을 했어. 박병엽을 연행하고 형사부장 야스다 등과 함께 그의 집을 수색하기로 결정한 거야. 그러나 일제 경찰들이 그의 집을 샅샅이 뒤졌지만 그를 붙잡아 둘 만한 불온한 서적이나 문서는 나오지 않았어. 어쩔 수 없이 그의 여동생인 영생여자고등보통학교 학생 박영희의 일기장 두 권만 들고 다시 경찰서로 돌아갔지.

그해 8월, 여름방학을 맞아 집에 온 박영희는 일기장이 없어진 걸 알고 깜짝 놀랐어. 누구나 그랬겠지만 사춘기 여학생이었던 만큼 더 자기 사생활을 누군가 본다는 게 싫었을 거야. 그녀는 박병엽에게 일기장을 찾아내라고 화를 냈지.

일기장을 돌려달라는 박병엽의 전화를 받고 야스다는 잊고 있던 박영희의 일기장을 꺼내 읽어 보기 시작했어. 돌려주기 전에 재미있는 건 없나 한번 보자 하는 심산이었지. 그런 그의 눈에 들어온 문장이 있었어.

오늘 학교에서 국어를 썼다가 선생님한테 혼이 났다.

이윤재

야스다는 눈이 번쩍 뜨였어. 당시 국어는 일본어였는데 일본어를 썼다고 선생님이 학생을 혼냈다면 그 선생님을 잡아들일 수 있는 거였어. 그게 아니라 박영희가 쓴 국어가 조선어를 가리키는 말이었다면 학생이 조선어를 국어라고 생각하도록 가르친 자가 있을 테니 그자를 잡아들일 수 있을 거였지. 야스다로서는 놓칠 수 없는 좋은 기회였어.

그는 그길로 박영희를 잡아들였어. 그는 일기장을 보여 주며 국어(일본어)를 썼는데 야단친 선생이 누구냐며 다그쳤어. 박영희가 살펴보니 2년 전에 쓴 일기인데, 왜 그랬는지 잘 기억이 나지 않았어. 다만 당시 교실 상황을 돌아볼 때 그건 조선어를 썼다가 혼난 내용일 듯했어. 학교에는 교실마다 늘 일본어를 쓰라는 말이 붙어 있었는데, 박영희의 교실에는 거꾸로 조선어를 쓰라는 말이 붙어 있었어. 아마도 누군가의 소극적인 저항이었겠지. 어쨌든 그게 문제가 되어 학교 차원에서 전교생에게 '국어 상용'을 해야 한다고 훈계했고 박영희는 속상한 마음에 그 일기를 썼던 거야. 그래서 대답했어.

"조선어라고 써야 할 걸 국어라고 잘못 썼습니다. 죄송합니다."

당시 모든 학교에서는 조선어 사용을 금하고 있었어. 예를 들어 "어머나!"같이 무심코 튀어나오는 감탄사조차도 쓰게 되면

남자고 여자고 상관없이 일본인 교사에게 무차별적인 폭행을 당했다고 해. 심지어 조선어를 쓸 때마다 벌금을 내게 한 학교도 있었고, 조선어를 사용한 사람을 고발하는 쪽지를 넣는 상자를 설치해 둔 학교도 있었대. 그런가 하면 조선어를 쓴 학생의 목에 '위반장'을 걸고 다니게 하고 조선어를 쓴 다른 학생을 적발해야만 그걸 넘겨줄 수 있게 하기도 했대. 어떤 학생은 도저히 조선어를 쓰는 학생을 찾을 수 없자 친구에게 물을 끼얹고 감탄사로 조선어가 튀어나오는 걸 적발해 넘기기도 했대. 이렇게 조선인들을 이간질하기까지 하는 악랄한 방법으로 일제는 조선어 사용을 금지했던 거야. 그들도 말과 글의 힘을 알고 있었던 거지.

야스다는 속으로 웃었어. 그러고는 물었지.

"조선어를 국어라고 생각하게 만든 선생이 누구냐? 누가 그렇게 널 가르쳤지?"

박영희는 대답하지 못했어. 그러자 일기장에 등장한 다른 친구들도 다 끌려왔지. 처음에는 영희의 실수라고, 그렇게 가르친 선생님은 없다고 말하던 친구들은 결국 일제 경찰의 집요함에 정태진, 김학준, 그리고 일기장에 도장을 찍은 최복녀라는 이름을 대고 말았어.

일제는 1938년에 조선교육령을 개정하고 조선어 과목을 폐지했어. 정태진은 그 때문에 교사로서 한계를 느껴 그만두고 조선어학회에서 사전을 만드는 작업을 하고 있었지. 1942년 8월, 정태진 앞으로 홍원경찰서의 출두 명령서가 날아들었어. 그해 9월, 동료들에게 잠시 다녀오겠다며 떠난 정태진은 홍원경찰서에 도착하자 20여 일 동안 고문을 받고 반쯤 죽은 사람이 되어버렸어. 결국 그는 거짓 진술서에 도장을 찍을 수밖에 없었지.

조선어학회 사건과 끔찍한 고문

한편 9월의 마지막 날, 사전 편찬 준비 막바지라 정신이 없었던 조선어학회는 사람 하나도 절실했는데, 정태진이 돌아오지 않아 곤란한 상태였어. 그날도 새벽까지 일을 하고 회원들이 집으로 돌아갔을 때, 그들을 기다리고 있던 건 일제 경찰이었어. 회원들이 유치장으로 줄줄이 끌려 들어가자 이극로는 평소 이런 일을 대비해서 친일파인 한상룡에게도 연줄을 만들어 두었던 터라, 걱정하지 말고 먹고살기 위해 사전 만드는 일만 했다 하라고 회원들에게 신신당부했지.

이들은 홍원경찰서, 함흥경찰서 등으로 나뉘어 이송되었어. 그중 이윤재는 바로 얼마 전 수양동우회 사건으로 감옥에 다녀왔던 참이었어. 수양동우회 사건은 일제가 이름이 알려진 조선인들을 친일파로 전향시키려고 일으킨 사건이었는데, 실제로 이때 많은 사람이 변절했어. 끝까지 절개를 지켰던 도산 안창호는 이 사건 이후 얼마 안 가 고문의 후유증으로 세상을 떠났지. 이윤재 역시 자신의 신념을 지켰고 역시 고문의 후유증이 남아 있던 상태였어. 그런데 또 이렇게 끌려오게 되었던 거야.

일제 경찰은 고문을 하며 자술서를 쓰도록 강요했어. 그들이 원했던 대답은 '상하이 임시정부의 지시로 조선 독립을 위해 사전을 편찬하고 있었다'였지.

이윤재는 여기서 옛 제자를 만났어. 시바타(본명 김석묵)라는 형사였는데, 그는 이윤재를 보자 깍듯하게 인사를 했어.

"아니, 이 선생님. 여기는 어쩐 일이십니까?"

이윤재는 한편으로는 다행이라고 생각했어. 자신이 가르친 제자가 있으니 이전만큼 고문이 심하지는 않으리라 생각했던 거지. 그러나 며칠이 지나자 시바타는 태도를 완전히 바꾸었어.

"윤재야, 너 같은 게 선생이냐? 네놈 수업 때 내가 다 들었다. 역사 시간에 학생들에게 대일본제국을 깎아내리고 조선이 잘났다고 하지 않았었냐! 개 같은 놈아. 내가 다 들었는데 끝까지 거짓말을 할 거냐. 바른대로 불어라!"

그는 오히려 더 모질게 스승을 때리고 고문했던 거야. 그가 어떤 사람이었는지 알 수 있겠지? 그런 모욕에도 이윤재는 오히려 웃으며 이렇게 말했대.

"이보게, 내가 무엇을 숨길 게 있겠나. 한 것은 했다고 하고,

안 한 것은 안 했다고 한 것밖에 없는데 이렇게 하면 거짓말밖에 더 나올 게 있겠나? 우리 신사답게 앉아서 이야기하세."

이윤재는 이전에 민족의식을 북돋우기 위해 《성웅 이순신》을 써서 출판했었지. 그리고 바로 얼마 전 수양동우회 사건이 있었고, 또 그 전에는 '말모이' 원고를 받으려 상하이로 건너가 주시경의 제자인 김두봉을 만난 일이 있었어. 주시경이 생전에 했던 사전 작업 원고를 받으려 했던 거야. 그러면서 어렵게 구한 200원이라는 돈도 그에게 전달했지만 사전 원고를 받지는 못했어. 일제의 눈에 그 200원은 조선어학회가 김두봉에게 지급한 독립운동 자금처럼 여겨진 거야.

이런 일들 때문에 이윤재는 다른 사람들보다 더 강도 높은 고문을 당했어. 이윤재 평생의 친구였던 김윤경이 〈한글〉 1946년 4월 호에 남긴 글 〈조선어학회 수난기〉를 보면 이윤재가 당한 고문의 모습이 끔찍하고도 생생하게 그려져 있어.

> 고문의 종류로 말하면 물 먹이기, 천장 들보에 달아매고 치기(소위 비행기 태우기), 몽둥이로 난타하기, 사지로 버티고 개처럼 엎드리게 하기, 난롯불에 타던 장작개비로 벗은 몸을 지지기, 목도로 정강이를 산적 이기듯 난도질하기, 뺨 치기, 발길로 차기, 태질하듯 유도식으로 메어치기, 먹으로 얼굴에 그림이나 글을

써 붙이고 여러 사람 앞마다 돌아가면서 능욕적 문답을 시키기,
찬물이나 뜨거운 물을 끼얹기, 이 밖에 하나하나 말하기 어렵다.

이들은 이런 행위를 다른 사람들이 옆에서 지켜보도록 했어. 지켜보면서 느끼는 두려움을 이용하려 했던 거지. 물 먹이기를 하다 의식을 잃으면 주사를 놓고 약을 먹여 정신을 차리게 한 다음 다시 고문을 했어. 비행기 태우기를 할 때는 밧줄을 꼬았다가 놓아서 한참을 빙빙 돌게 해 정신을 잃게 했어. 능욕적 문답시키기는 지조를 중시하던 그에게 인격적 모독을 주는 고문이었어. 심지어는 동료들의 뺨을 때리게도 했는데, 제대로 치지 않으면 그 길로 구타가 이어졌지. 이런 일을 가장 악랄하게 자행했던 이들이 바로 야스다와 시바타였어. 본래 조선인이었던 자들이 친일로 돌아서서는 일제 경찰보다 더 악랄하게 조선인을 괴롭혔던 거야.

형무소에서 눈을 감다

1942년 6월, 미드웨이 해전에서 일본군은 미군에게 격파되고 물자난에 빠졌어. 이는 곧 형무소에도 영향을 주어 배급이 제대로 이루어지지 않고 썩은 음식이 제공되기에 이르렀지. 1943년에서 1944년으로 넘어가는 겨울 동안 함흥형무소에서는 270명

이 사망했는데 안타깝게도 그중엔 이윤재도 있었어. 1943년 12월 8일, 고문 후유증과 굶주림으로 이윤재는 독방에서 숨을 거두고 말아.

조선어학회 예심 종결 결정문을 보면 "조선이 수많은 조선어를 조선어사전 편찬과 같은 형태로 보존하면 조선 민족은 영구히 멸망하지 않을 것"이라고 되어 있어. 일제는 이미 조선어학회를 없애 버리겠다고 결정해 놓고 증거 만들기에 들어갔었다는 걸 알 수 있는 부분이지. 이윤재는 이 때문에 끝없는 고문 속에 눈을 감았던 거야. 아니 눈조차 제대로 감지 못했어.

이윤재의 아들이 면회를 갔더니 간수가 그의 죽음을 알려 줬대. 그는 함흥형무소에 임시로 매장되어 있었는데, 다시 땅을 파내 보니 죄수복은 온통 피로 얼룩져 있었고 이윤재는 두 눈을 부릅뜬 채로 있었대. 얼마나 한이 맺혔으면 눈도 감지 못했을까? 그리고 그런 그의 심정이었는지, 고문의 흔적이었는지 가슴 한복판에는 피멍이 커다랗게 맺혀 있었지.

건국훈장 독립장

가족들은 그의 시신을 화장하고 여력이 없어 다시 임시 매장을 했는데, 그렇게 시간이 지나 광복 이후에야 조선어학회에서 그의 이장식을 성대하게 치렀어. 1962년에는 건국훈장 독립장이 수여되었고 말이야. 그리고 그의 뜻을 기리는 의미에서 1997년부터 김해시에서는 '한뫼 이윤재 선생 추모 전국 한글사랑 글짓기·그리기 공모전'을 개최해 오고 있어.

이윤재가 지은 《표준한글사전》 머리말에는 이윤재와 함께 조선어사전 편찬 위원으로 활동했던 이중화의 회고가 담겨 있어. 그의 회고를 보며 마칠까 해.

표준한글사전

ㄱ　　　ㄲ

ㄱ(기역). 한글 닿소리의 첫재. 목젓으로 콧길을 막고, 혀뿌리를 높이어 윗 입천장을 막았다가 뗄 때에 나는 소리. 맑은 소리(無聲音)

가 ㉠ 邊. 사물의 바깥 쪽으로 향하여 끝이 난 곳. 끝이 난 곳의 안.

가(加) ㉠ 갓법(加法)(준말). ㉡ 가산(加算)(준말) —하다. 囤

가(可) ㉠ 옳음. ㉡ 좋음. ㉢ 찬성(贊成)하는 의사(意思)의 표시. —하다. 阅

가(假) 어떠한 이름씨 위에 얹히어서 "임시(臨時)", "가짜", "시험적(試驗的)"의 뜻을 표하는 말.

가(家) 어떠한 전문 방면에 있어서 성가(成家)한 사람을 일컫는 말〔혁명一, 문학一〕

가(哥) ㉠ 성을 낮게 일컬을 때 성의 밑에 붙이는 말〔이一, 김一〕 「원一〕

一가(歌) 어떠한 노래 이름〔애국一, 응

사 ㉠ 받침 없는 말에 붙이어 그 말을 주격(主格)으로 되게 하는 말. ㉡ 받침 없는 말에 붙이어 "그것이 아님"을 나타내는 토. ㉢ 받침 없는 말에 붙이어 "무엇이 변하여 감"의 뜻을 나타내는 토.

(가가(呵呵) ㉠ "스스로 우습다"는 뜻으로 편지에 쓰는 말

(가가(假家) ㉠ "가게(店)"의 원말

(가가(可嘉) ㉠ 착하거나 잘 되었다고 여길 만함. —하다. 阅

(가가(家家) ㉠ 집집마다

(가가-대소(呵呵大笑) ㉠ 대단히 우스워서 크게 웃음. —하다. 阅

(가가-례(家家禮) ㉠ 집집마다 달리 행하는 예법(禮法)

가가붓-자식 ㉠ → 각아비자식 「一이囤

(가가-호호(家家戶戶) ㉠ 각 집짝 각 호.

(가각(苛刻) ㉠ 가혹(苛酷)하고 각박(刻薄)함 —하다. 阅

(가간-사(家間事) ㉠ ㉡ 집안의 사사로운 일. ㉡ 자기 집에 관계되는 일

(가감(可堪) ㉠ 맡은 일을 감당할 수 있음. —하다. 囤

(가감(加減) ㉠ 더함과 덜함. ㉡ 갓법(加法)과 감법(減法). —하다. 囤

(가감-부득(加減不得) ㉠ 가부득 감부득(加不得減不得)(준말)

(가감-승제(加減乘除) ㉠ 갓법, 감법, 승법, 제법을 한꺼번에 이르는 말

(가감-지인(可堪之人) ㉠ 맡은 일을 감당할 만한 사람. L할 만한 사람

가개 ㉠ → 가게(店).

(가객(歌客) ㉠ 노래로 노는 사람

(가거지-지(可居之地) ㉠ 살 만한 곳

(가-건물(假建物) ㉠ 임시로 지은 집

가게 ㉠ 물건을 파는 집. ㉡ 길거리에서 물건을 벌이어 놓고 파는 집.

가게-채 ㉠ 가게로 쓰는 집채

(가격(價格) ㉠ 값. ㉡ 상품을 서로 바꾸는 비율

(가격-표기(價格表記) ㉠ 우편물의 속에 들어 있는 물건과 가격을 거죽에 적음 히다. 囤 L성함. —하다. 囤

(가결(可決) ㉠ 의안(議案)을 옳다고 작정함

(가경(佳景) ㉠ 아름다운 경치.

(가경(佳境) ㉠ 재미 있게 여겨지는 판. ㉡ 흥차을 느끼는 곳

(가경-절(嘉慶節) ㉠ 대종교(大倧敎)의 경절. 음력 음력 보름날.

가계 ㉠ → 가게

(가계(加計) ㉠ 통화(通貨)의 명가(名價)와 시세(時勢)가 다른 때에 그 차액(差額)을 더 계산함. —하다. 囤

이윤재가 지은 《표준한글사전》

나라를 사랑하고 동포를 사랑하기를 자기 한 몸 자기 한 집안보다

더하던 이로서, 이 아름다운 우리의 말이, 좋은 우리의 글이 아주

멸망의 고비에 닥쳤을 무렵에 이를 슬퍼하고 이를 분히 여기어

어찌하면 이를 건져 내어 바로잡고 널리 펼칠까 하여 교단에서

강단에서 입으로 가르치고 부르짖으며 잡지와 신문에 글을 실어서

애를 태우고 헤매던 것이 오직 그의 하나인 일이었습니다.

이윤재

대한민국 학생으'로서' 한글'로써' 나라 사랑하기

이번엔 비슷하게 생겨서 잘못 쓰는 단어를 알아볼까 해. 먼저 '-든지', '-던지'를 보자. 이건 심지어 방송 자막에서도 틀릴 만큼 많이들 잘못 쓰고 있더라고.

　① 뭘 (하든지/하던지) 네가 알아서 하렴.
　② 어찌나 배가 (고프든지/고프던지) 개밥도 맛있어 보이더라.

　①은 '　든지', ②는 '-딘지'아. 이해하기 쉽게 간단히 설명하자면, 선택이 필요할 때는 '-든지'를, 과거의 일을 말할 때는 '-던지'를 쓰면 돼.
　그런데 '-든지'를 써야 할 곳에 '-던지'를 쓰는 경우를 정말 많이 봤어. 이렇게 잘못 쓰는 이유가 뭘까 생각해 봤는데, 아마 '-건' 때문일 것 같다는 생각이 들었어.

　① 어찌 되었든 얼른 집에 들어가라.
　② 어찌 되었건 얼른 집에 들어가라.

①, ②처럼 '-든지'의 준말인 '-든'과, '-거나'의 준말인 '-건'은 거의 비슷한 뜻으로 같은 자리에 쓰이곤 하거든. 그렇다 보니 사람들이 '-건'을 '-던'으로 착각하게 된 게 아닐까 싶어. 비슷하게 헷갈리는 게 또 있지. 이 걸 보자.

① 집에 가도 (될른지요/될는지요).
② 걔가 그렇게 (할런지/할는지) 모르겠다.

①, ② 둘 다 정답은 '-ㄹ는지'야. 어떤 일이 실제로 이루어질지 말지 모 르겠을 때 쓰는 말이지. 표준어규정 2장 4절 17항을 보면 '-ㄹ는지'가 널 리 쓰이기 때문에 표준어로 삼는다고 되어 있어. 그러니까 다른 건 다 잊고 '-ㄹ는지'만 생각하면 되는 거야.
다음으로 이걸 보자.

① 그건 의사(로서/로써) 할 일이 아니다.
② 말(로서/로써) 모든 문제를 해결했다.

①은 '-로서', ②는 '-로써'야. '-로서'는 자격이나 역할, '-로써'는 도구 나 수단을 말할 때 쓴다고 생각하면 쉽게 구분할 수 있어.
어때? 이렇게 또 지식이 는 것 같지 않아?

뛰어난 두뇌와 대쪽 같은 사명감으로
한글의 뼈대를 세운

ENTJ

한글로 가득한
국어 교과서의 탄생

최현배

1894~1970

한글학자·교육자

"스승님이 이렇게 돌아가시다니. 이럴 수는 없다!"

　주시경의 부탁으로 부산 동래군 동명학교 강습회에서 수업을 하던 최현배는 스승의 부고를 전해 듣고 통곡을 했어. 수업을 듣던 학생들도 목 놓아 울기 시작했고 곧 강의실은 울음바다가 되고 말았지. 그로부터 40여 년 뒤 최현배는 잡지 〈사상계〉에 실린 〈나의 걸어온 학문의 길〉이라는 글에서 이런 말을 남겼어.

　　나는 주 스승에게서 한글을 배웠을 뿐 아니라 우리말 우리글에
　　대한 사랑과 그 연구의 취미를 길렀으며 겨레 정신에 깊은 자각을
　　얻었으니, 나의 그 뒤 일생의 근본 방향은 여기서 결정된 것이었다.
　　나는 스승의 부탁에 따라 우리말 우리글을 오늘까지 갈고닦고 또
　　가르치고 있는 것이니, 이 사명을 다한 뒤에는 스승에게로 돌아가

복명할 작정이다.

수학에 능통했던 미래의 한글학자

최현배의 사진을 보고 무뚝뚝, '엄근진'이라는 말이 절로 떠올랐을 거야. 정말 그런 대쪽 같은 성격을 지녔었는데, 최현배에게 배운 제자들은 스승이 웃는 모습을 정말 보기 힘들었다고 해.

최현배가 대학에서 학생들을 가르칠 때 학생 하나가 문법 점수가 좋지 않아 유급을 할 위기에 놓였어. 그래서 최현배의 집으로 찾아갔지. 당시에는 그런 정성을 보이면 다시 채점을 해 주는 사람도 있었거든. 최현배는 일단 학생이 왔으니 방으로 불러 이야기를 들어 보았어. 학생은 무릎을 꿇고 이렇게 말했지.

"선생님. 제가 이대로 유급을 하게 되면 큰일 납니다. 점수 좀 어떻게 안 되겠습니까."

"이 사람아. 나 같으면 여기 오는 시간에 차라리 공부를 더 했겠다. 뭐 하러 여기까지 왔어?"

최현배는 길게 말하지 않고 학생을 돌려보내려 했어. 그런데 툇마루에 나와 보니 웬 과일이 가득 담긴 궤짝이 하나 있지 않겠어?

"이건 뭐고?"

"변변치 않지만 드시라고 준비했습니다. 그러니 선생님 점

수 좀 어떻게⋯."

화가 난 최현배는 궤짝을 들고 나가 대문 밖으로 던져 버렸어.

최현배는 1894년 10월, 경상남도 울산에서 태어났어. 바로 동학농민운동이 일어난 해인데, 당시 조선은 내부적으로는 지배층과 백성의 갈등이 깊어지고 있었고, 외부적으로는 일본과 서구 열강이 노골적으로 간섭하고 있었지. 나라의 근본이 흔들리는 때였던 거야.

최현배는 어려서 몸이 많이 약했던 모양이야. 6세 때부터 외숙이 가르치는 마을 서당에 다녔는데, 늘 아버지가 그를 업어서 서당에 데려다주곤 했대. 그러나 그런 아버지가 이듬해 돌아가시자 그는 홀어머니 밑에서 자라며 스스로 모든 걸 해결해야만 했어. 어린 나이에 아버지를 잃고 얼마나 막막했을지 짐작도 하기 힘들지 않아? 최현배는 더 열심히 공부했어. 그러다 11세가 된 무렵에는 바둑에 재미를 붙여서 이웃 마을 사람들과 바둑을 둘 때마다 늘 이기곤 했대.

최현배는 14세가 되던 해에 일신학교에 편입해서 사서삼경을 배우는가 하면 신학문인 수학도 배웠어. 이때 그는 수학에 큰 흥미를 느껴 남들보다 빨리 깨쳤는데, 다른 학생들을 가르칠 정도였다고 해. 더 놀라운 건 당시 그가 배웠던 책에는 오늘날 고등학생도 풀기 어려운 문제들이 가득했었다는 거야. 최현배는 이때의 수학 공부를 통해 공부하는 태도와 방법을 세웠고 일생의 학문 연구의 근본을 닦았다고 회고했어.

여기에 정말 대단한 깨달음이 들어 있어. 아마 대다수 학생이 수학을 어렵게 생각할 텐데, 수학을 공부할 때 단순히 수학을 배우는 것에만 초점을 둘 것이 아니라 공부하는 자세를 배우는 것이라 생각해 보면 어떨까 해. 끈기를 가지고 문제를 해결하기 위해 노력하는 자세 말이야. 실제로 최현배도 수학을 공부하면서 문제들을 하나하나 분석하고 또 풀었는데, 그러다 보면 동이 트곤 했대.

최현배가 일신학교에 다니던 중에는 나라에 많은 일이 있었어. 고종이 강제로 퇴위당하고 군대가 해산되었지. 점점 나라가 힘을 잃어 가고 있었던 거야. 이때부터 최현배는 나라를 위해 무언가 해야겠다는 마음을 품기 시작했어.

평생의 스승 주시경을 만나다

최현배는 1910년 일신학교를 졸업하고 서울의 관립 한성고등학교로 진학했어. 이 학교는 이후 경성고등보통학교로 명칭이 바뀌었는데, 당시 1,000여 명이 지원했고 최종적으로 100명을 선발했다고 해. 최현배는 입학 후에 친구 김두봉의 권유로 보성

전문학교 교사 시절 김두봉

학교의 국어 강습회에 참여했다가 주시경이라는 평생의 스승을 만나게 돼. 그는 학생들에게 단순히 한글을 가르치는 것뿐 아니라, 한글이 왜 중요한지, 즉 한글과 민족의 정신이 이어지는 고리를 설명했고, 이러한 스승의 가르침은 최현배의 가슴에 불꽃과 같은 열망을 일으켰어.

　　우리말과 글을 잃으면 민족의 혼도 사라질 것입니다.

한글로 가득한 국어 교과서의 탄생

주시경의 이 말에 최현배는 큰 충격을 받았지. 과거에는 단순히 '한글은 쉬운 글자'라는 생각만 가지고 있었지만, 이제 그는 한글이 조선 사람의 정신과 정체성을 담고 있다는 것을 깨달았던 거야. 결국 그는 한글 연구를 자신의 평생 사명으로 받아들였어. 그리고 단순히 배우는 것에 그치지 않고 스승의 열정을 이어받아야겠다는 결심을 했지.

최현배는 강습소 초등 과정을 마친 후에도 일부러 졸업 증서를 받지 않고 1년을 더 배우기로 할 정도로 주시경의 가르침에 빠져들었어. 그래서 그는 이후에도 경성고등보통학교에 다니면서 따로 시간을 내 주시경의 수업을 들었지. 주시경의 책을 빌려 읽거나 그가 쓴 새 원고를 베껴 쓰는가 하면《국어독본》을 집필해 보기도 했어.

1913년 3월에 최현배는 당시 중고등학교 문법 교과서였던《고등말본》과정을 이수하고 '배달말글몬음' 고등과 제1회 졸업생이 되었어. 성적도 평균 99.5점으로 33명의 졸업생 중 으뜸이었지. 그러나 그해 4월, 어머니가 돌아가셨고, 상심이 컸던 최현배는 그만 크게 앓으면서 휴학을 하고 1년간 고향에서 쉬었어.

복학한 1914년, 여름방학을 하자 최현배는 주시경의 "잘 가르치고 돌아와라."라는 격려를 받고 부산 동명학교에 강의를 하러 갔어. 당시 한글 강습소가 전국 곳곳에 확대 개설되면서 주시경 혼자서 강의를 다 하기에는 벅찼거든. 그래서 그의 제자들이 발 벗고 나서서 주시경을 도왔지. 그렇게 20여 일 강의를 해 나가던 중, 스승의 부고를 접하게 된 거야.

우리말을 지키기 위한 일본 유학

1915년 3월, 최현배는 경성고등보통학교를 졸업하고 관비 유학생 5명 중 1명으로 선발됐어. 관비 유학은 지금의 국비 유학 같은 개념으로 일종의 국가 장학 제도인데, 아주 간단하게는 그가 전국에서 5등 안에 들었다고 보면 이해가 쉬울 거야. 최현배는 히로시마 대학의 전신인 히로시마 고등사범학교 문과 제1부에 입학해서 일본 문학과 한문학을 배우고 교육학을 정규 과목으로 공부했어.

사실 이 선택은 결코 쉬운 결정이 아니었어. 조선이 일본의 식민지가 된 이후, 일본에서 공부를 하는 것은 단순한 공부 이상의 부담이 있었거든. 일제는 끊임없이 조선의 정체성과 문화를 흔들고 있었고, 최현배는 이를 이겨 내고 그 속에서 조선인으로 남아야만 했어. 실제로 관비 유학으로 일본에서 공부한 이후 일제의 앞잡이가 되어 조선을 억압한 사람도 많았어. 그러나 최현배는 오히려 유학을 통해 단순히 지식을 습득하는 데 그치지 않고, 우리말과 글을 보존하고 민족정신을 기를 바탕을 다져야겠다고 생각했어.

일제의 억압 아래에서 흔들리지 않으려면 더 많은 학문적 무기가 필요했어. 일본에서 배우는 동안 최현배는 언어학을 체계적으로 연구하는 방법을 알 수 있었고 이를 통해 우리말을 더욱 과학적으로 바라보는 시선도 가지게 되었지. 그는 대학에서 공부하며, 한편으로는 조선의 언어와 문화를 잃지 않으려 틈틈이 한글을 연구하고 관련 서적들도 찾아보곤 했어.

"배운 학문을 우리말에 돌리지 못한다면 무슨 의미가 있겠는가?"

그는 이렇게 자문하며, 자신이 해야 할 일이 무엇인지 분명히 알고 있었지. 1919년에 졸업한 최현배는 귀국 후 관공립 학교에서 일정 기간 의무 복무를 해야만 했어. 그러나 그는 학생들에게 일본어를 가르치기는 싫었어. 아니, 스승 주시경을 생각하면 가르칠 수 없었어. 최현배는 아프다는 핑계를 대고 고향에 내려가 시간을 보냈어.

1920년, 무작정 의무 복무를 피할 수는 없었기 때문에 최현배는 자신이 우리말 교육을 했던 동명학교가 이름을 바꾼 동래고등보통학교로 부임해서 학생들을 가르치기 시작했어. 하지만 일본어가 아니라 우리말과 한글, 영어를 가르쳤지. 그는 학생들과 같은 밥을 먹고 머리도 학생들처럼 빡빡 깎았어. 이런 그의

최현배

태도와 수업에 감명을 받아 이후 교육계에 발을 딛는 학생들도 많았지.

　이 시기에 최현배는 학생들에게 가르칠 자료를 직접 등사판에 찍어서 나눠 주곤 했는데, 소리갈(음성학), 씨갈(품사론), 월갈(통사론) 등 우리말 이론의 여러 세부 항목을 두루 다룬 그의 자료는 수백 장에 이르렀다고 해. 그리고 이 자료들이 바로 우리말의 어법과 문법을 다룬 책인《우리말본》의 기초 자료가 되지. 최현배는 이 과정에서 이 책을 어느 정도 구상했고 여름방학에는《우리말본》집필에 몰두했어. 결심했던 대로 일본에서 배운 앞선 학문들을 우리말에 적용하기 시작했던 거지.

　이 책은 17년 뒤인 1937년에 출판되는데, 본문만 1,200쪽에 달하는 엄청난 책이야. 주시경 이래의 문법 연구를 이어받아 발전시킨 20세기 전반기 문법 연구를 집대성했다고 평가받는 책이기도 해.

　최현배는 이 책을 쓰면서 일제 치하에서 우리 민족성을 잃지 않기 위해서는 우리말이 먼저 지켜져야 한다는 스승의 가르침을 떠올렸어. 이를 위해 우리말을 체계적으로 정리하고, 또 맞춤법을 통일하고 그 결과로 표준말을 세워 우리말을 모은 사전을 편찬해야 한다고 봤지. 문화의 힘이 곧 민족의 힘이라는 것, 또 문화를 만드는 도구가 바로 언어라는 것도 꿰뚫어 봤던 거야.

최현배는 1922년, 교토제국대학으로 다시 유학을 떠났어. 민족의 정신을 일깨우려면 더 나은 교육 방법을 알아야 한다고 생각했기 때문이지. 이 시절에 그는 교토에 남아 있는 옛 백제의 사적을 찾아다니기도 했어. 그리고 한 강연회에서 처음으로 '우리글의 가로쓰기'를 주제로 강연을 하게 되는데, 그가 남긴 가장 큰 업적 중 하나인 '가로쓰기'에 대해 처음 공식적인 자리에서 밝힌 일이라는 점에서 큰 의미가 있지. 가로쓰기는 주시경이 주장한 이후 실행되지 않다가 나중에 최현배가 완성하거든. 이때 최현배는 조선어 강의를 했다는 이유로 일제 경찰에게 연행되기도 했어.

지식 더하기 ⊗ ⊖ ◉

가로쓰기

지금에 와서는 가로쓰기가 무슨 대단한 일인가 싶을 거야. 지금은 당연히, 편하게 가로쓰기를 하고 있으니까 말이야. 하지만 과거 동양권에서는 오랜 기간 세로쓰기를 했어. 일본에서는 아직도 세로쓰기를 하고 있는 경우가 많아. 지금 우리가 당연하게 여기는 것들이 최현배와 같은 사람들이 노력한 덕분이라는 걸 잊지 말아야겠어.

1926년 4월, 최현배는 연희전문학교 교수로 부임했어. 그에게 배운 제자 중에는 〈별 헤는 밤〉으로 유명한 윤동주 시인도 있었지. 이 시기 최현배는 《조선민족 갱생의 도》를 펴냈는데, 이 책에서 그는 당대 조선을 환자로 보고 질병의 원인을 찾아 올바른 갱생의 원리를 알고 이를 위한 노력을 바탕으로 치료해야 한다고 주장했어. 이 책은 큰 반향을 일으켰고 그가 이름을 널리 알리는 계기가 됐지.

우리글을 목숨처럼 사랑한 사람

그리고 이때부터 조선어연구회 회원으로서 본격적으로 활동하기 시작해. 조선어연구회는 주시경의 제자들이 주축이 되어서 1921년에 만든 우리말과 한글 연구 단체야. 주시경이 세상을 떠나기 전까지 그를 중심으로 우리말과 한글을 연구해 왔지만, 사후에는 중심을 잃은 제자들이 망연자실하기도 했고 덩달아 일제의 탄압도 심해지면서 연구가 중단될 수밖에 없었어. 그러다 1919년에 일어난 3·1운동 이후 일제의 통치 방식이 무단 통치에서 문화 통치로 바뀌면서 다시 주시경의 제자들이 모였던 거야.

사실 1920년에는 굉장히 충격적인 사건이 있었고, 이 일이 결국 이들을 자극하기도 했어. 바로 《조선어사전》이 편찬된 일이야. 이 사전을 편찬한 곳이 어딜까? 아마도 짐작했겠지만, 맞아. 조선총독부였어. 일본인 관리들에게 조선어를 익히게 함으로써 식민지 지배 체제를 강화하기 위해서 만든 거였지. 우리 손이 아니라 일제의 손으로 더 먼저 만들어진 우리말 사전이라니. 분하지만 어쩔 수 없는 사실이었어.

최현배가 들어오고, 이후 이극로, 김윤경 등도 힘을 보태면서 조선어연구회는 활기를 띠기 시작했어. 1926년 11월에는 훈민정음 반포 480주년 기념식을 거행하고 '가갸날', 즉 지금의 '한글날'을 만들었어. 그리고 한글 연구에 대한 학술 잡지 〈한글〉도 창간했지. 또 아주 중요한 일을 시작했는데, 바로 사전 편찬이야.

1931년에 조선어연구회는 '조선어학회'로 명칭을 바꿨어. 당시 일본인이 운영하던 '조선어연구소'가 있었는데, 이와 이름을 일부러 비슷하게 만들어서 혼동을 주려는 것이 아니냐며 일제가 트집을 잡았기 때문이야. 독립운동을 꾀한다면 빠져나갈 구실을 주지 않겠다는 의도였지.

조선어학회는 사전 편찬을 시작하면서 맞춤법 통일안 제정을 추진했어. 이때 최현배를 비롯한 맞춤법 통일안 제정 위원들의 고집에 관한 일화가 있어.

최현배를 비롯해 당시 조선어학계의 권위자들은 모두 자기 의견을 굽힐 줄 모르는 사람들이었어. 특히 경성제국대학 조선어문학과를 졸업한 이희승은 선배인 최현배와 싸우듯 토론하곤 했어. 물론 그때그때 서로 자기가 옳다고 생각하는 의견에 대해 다른 사람들도 함께 토론을 벌이곤 했지. 그러다 토론이 격해지면 큰소리와 삿대질이 오가기도 했대. 그러나 다수결에 따라 결론이 나면 다들 깨끗이 인정하고 물러섰어. 이런 토론은 중요한 결정을 하는 것인 만큼 공개적으로 진행했고 늘 방청객도 있게 마련이었는데, 그렇게 죽일 듯이 싸우고 또 깔끔하게 인정하는 모습을 보고는 다들 감탄하며 "모든 모임의 회의는 조선어학회처럼 해야 한다."라고 말하곤 했대.

이런 회의는 꾸준히 이어져 총 125회, 433시간을 채우고야 끝이 났어. 마침내 1933년 10월, 한글날을 맞아 〈한글 맞춤법 통일안〉이 발표되었지. 이후 표준어와 외래어 표기법 제정까지 완료되었고 사전 편찬 작업에 속도가 붙었어.

그 과정에는 이런 일도 있었어. 최현배가 얼마나 한글을 소중히 여겼는지 알 수 있는 이야기야. 1932년의 어느 봄날, 서울 종로의 한 술집에 최현배, 동아일보사 편집인 권덕규, 〈한글〉 발행인 신명균이 앉아 있었어. 그들은 술잔을 기울이며 한글 연구와 조선의 현실에 대해 이야기를 나누었지.

"총독부가 우리말과 글을 아예 씨를 말리려는 것 같습니다."

"일본과 조선의 융화를 이루어야 한다며 일본어만 쓰게 해서 우리 조선 학생들의 정신을 지배하려는 것 같소."

"그래도 설마… 지금 각 신문사에서 문자 보급 운동도 벌이고 있는데 그렇게까지 될까요?"

"그것도 곧 구실을 만들어 금지할 게 뻔합니다. 이것 참. 〈한글 맞춤법 통일안〉 완성이 눈앞인데 큰일입니다."

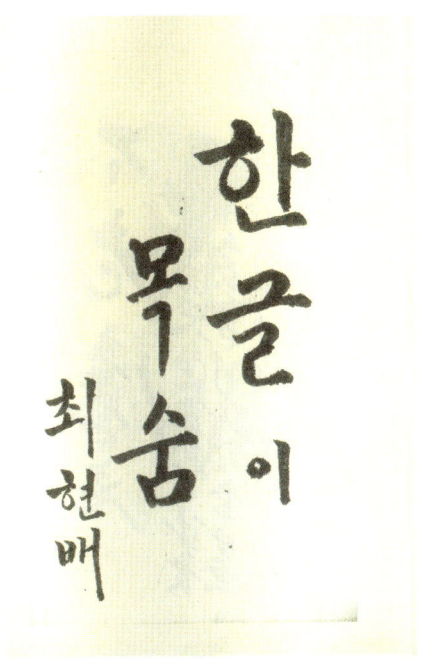

최현배가 금서집에 쓴 글귀

　그런 이야기를 나누던 중 권덕규와 신명균의 목소리가 점
점 높아졌어. 최현배는 목소리를 낮추라며 주의를 주고는 곁에
있던 방명록을 끌어다 붓을 들어 뭔가를 적었어.

　또다시 술잔을 기울이던 이들이 떠난 뒤, 술집 주인은 자리
를 정리하다 방명록을 펼쳐보았어. 당대 유명했던 그 사람들이
어떤 글을 남겼는지 궁금했거든. '금서집', 곧 비단같이 아름다운
글을 모은 책이라는 그 방명록에는 이렇게 쓰여 있었어.

《한글갈》과 《훈민정음 해례본》

시간이 흘러 1938년 9월, 흥업구락부 사건이 일어났어. 흥업구락부는 이승만의 독립운동 노선을 따르는 비밀 독립운동 단체였어. 당시 일제는 중일전쟁을 일으킨 상태였고 그 와중에 조선 내부에서 일어날 수 있는 위험을 없애야 했지. 그래서 조선 전반에 강압적인 분위기를 형성하고 독립운동가들에게 대대적인 탄압을 가했는데, 그중 하나가 바로 흥업구락부 사건이야.

당시 회원 100여 명이 검거되었고, 최현배도 연희전문학교에 부임하면서 가입을 했었기 때문에 역시 같이 끌려갔지. 일제 경찰의 악독한 고문이 석 달 동안 이어졌지만 결국 최현배는 기소유예로 석방되었어. 하지만 이 일로 연희전문학교에서 더 이상 수업을 할 수 없게 되었지. 일제는 이 사건에 얽힌 사람들에게 고문과 함께 회유책도 펼쳤고 그 때문에 친일파로 돌아선 사람도 많았어. 물론 최현배는 그 고집스러운 성격처럼 지조를 지켰지만 말이야.

최현배는 이 사건 이후 조선어학회 일도 3년가량 쉬었는데, 그동안 또 다른 업적을 하나 빚어 냈어. 바로 《한글갈》을 집필한 거야. 이 책은 훈민정음에 관한 이론적 문제와 역사적 문제에 대해 연구하고 정리한 것으로 우리말과 글이 일제에 의해 자칫 말살되지는 않을까 하는 걱정으로 쓴 책이야.

재미있는 점은 이 책의 집필이 마무리될 때쯤 《훈민정음 해례본》이 경상북도 안동에서 발견된 거야. 《훈민정음 해례본》은 훈민정음의 제작 원리, 즉 어떻게 'ㄱ', 'ㄴ' 같은 글자가 만들어졌는지 밝힌 책이야. 그리고 이전까지 훈민정음이 가지고 있던 '뒷간 문자'라는 오명도 씻어 내는 계기가 된 책이지.

조선 후기의 실학자인 이덕무는 훈민정음에 대해 "세속에 전하기를 세종대왕이 변소에서 막대기를 가지고 배열하다 문득 깨닫고 성삼문 등에게 명하여 창제하였다."라고 썼어. 이게 당시 훈민정음에 대한 세간의 인식이었던 거야. 나라에 공을 세운 사대부들이 해례본을 하사받기도 했다는데, 그들은 한자를 더 좋은 글자로 여겼기 때문에 아마 제대로 읽어 보지도 않았을 거야. 그러다 보니 자연스럽게 훈민정음은 '뒷간 문자'라는 오명을 뒤집어쓰고 말았어. 이런 이야기는 일제가 우리 민족을 깎아내리기에 딱 좋은 구실이기도 했지. 그런 상황에서 《훈민정음 해례본》의 발견은 정말 엄청난 일이었어.

다들 우리 한글이 세계에서 가장 과학적이고 독창적인 문자, 누구나 쉽게 배울 수 있는 문자라는 말은 한 번쯤 들어 봤을 거야. 이런 식으로 만들어진 문자는 세상에 둘도 없기 때문이야. 'ㄱ'

을 예로 들어 보자. 지금 '각'이라고 소리를 내고 혀를 그대로 유지해 봐. 혀가 입천장의 말랑말랑한 부분에 닿아 있는 게 느껴지지? 자, 이제 그 상태에서 혀의 모습을 옆에서 본다고 생각해 봐. 어떤 모양이야? 맞아. 'ㄱ'과 같은 모양이지? 마찬가지로 '난'이라고 한 뒤에도 보면 혀가 'ㄴ' 모양인 걸 알 수 있을 거야.

이런 식으로 발음 기관을 본떠서 글자를 만들었기 때문에 누군가 자기가 낸 소리를 글자로 쓰고 싶다면, 그 소리를 내고 혀 모양만 떠올려 보면 글을 쓸 수 있게 만든 문자. 그게 바로 훈민정음이라는 거지. 반면에 로마자는 'a'를 쓰고도 왜 그것을 '아, 어, 애' 등으로 읽어야 하는지 모르기 때문에 무조건 외워야 하지.

우리 문화재 지킴이로 유명한 간송 전형필이 큰 사례금을 내고 《훈민정음 해례본》을 구해 와서 당시 우리말과 글을 연구하던 몇몇 사람에게 보여 주었는데, 최현배도 그중 한 사람이었어. 최현배는 벅찬 가슴으로 읽어 보고는 《한글갈》의 출간을 미루고 당장 《훈민정음 해례본》의 내용과 그에 대한 설명을 책머리에 추가해서 실었어. 훈민정음에 대한 책을 썼는데 마침 그에 관련된 귀중한 책이 발견되었다니, 당시 최현배의 기분이 어땠을까? 복권에 당첨된 기분과 비슷하지 않았을까?

이후 최현배는 연희전문학교의 교수가 아닌 사서로 복직했어. 그리고 조선어학회의 사전 편찬 작업에 몰두했지. 그러던

《훈민정음》의 한글 번역본인 《훈민정음 언해본》에서 ㄱ을 설명한 부분

최현배

1942년 10월, 일은 또 터지고 말았어. 바로 이윤재 이야기에서 봤던 '조선어학회 사건'이야. 이 사건으로 인해 최현배를 비롯한 많은 조선어학회 회원이 수감되었고 모진 고문을 받았어. 그뿐만 아니라 거의 막바지였던, 무려 6,000여 장에 달하는 사전 원고마저 일제에게 압수당해 버렸지. 긴 시간 오랜 노력을 들여 해온 일이 물거품이 될 상황에 놓인 거야. 고문과 재판, 상고 그리고 형 확정까지 거의 3년이 흘렀어. 그 과정에서 옥사를 한 회원도 있었고 이들의 육체적·정신적 고통은 말로 할 수 없을 지경이었어.

1945년 8월 13일, 함흥재판소에서 최현배를 비롯해 이극로, 이희승, 정인승 등은 징역형을 선고받았어. 맞아. 바로 그 이틀 뒤, 일본의 패망으로 광복이 찾아왔지. 네 사람은 감옥 안에서 조선인 의무관에게 소식을 전해 듣고는 부둥켜안고 눈물을 흘렸고 며칠 뒤 감옥을 벗어날 수 있었어.

해방 후의 한글 회복 작업

최현배는 해방 이후 자신의 목숨은 덤으로 사는 것이라고 여겼어. 남은 삶은 우리 민족과 나라를 위해 살아야겠다고 생각했지. 숨 돌릴 틈도 없이 8월 20일에는 조선어학회 재건을 위해 회의를 했고, 당장 학교에서 가르칠 국어 교과서가 없음을 깨닫고 초등 국어 교본 집필 작업을 시작했어.

이 '국어'라는 말이 새삼 뭉클하지? 일제 강점기 동안 '국어'는 일본어였어. 드디어 '우리말'을 '국어'라고 말할 수 있게 된 거야. 어쨌든 한글 전문가답게 이들은 엄청난 속도로 교과서를 만들어 냈어. 《한글 첫걸음》과 《초등 국어교본(상)》을 만드는 데 얼마나 걸렸을 것 같아? 정답은 일주일이야. 감옥에 있는 동안 고문을 받아 몸도 성치 않았을 텐데 정말 대단하지 않아? 그러고 나서 교과서 준비부터 배부 방법, 교과서 전반 연구까지 진행했는데 이때 정한 기본 방향이 있었어. 하나는 '초·중등 교과서는 모두 한글로 하되 한자는 필요한 경우 괄호 안에 넣는 것'이고, 다른 하나는 '교과서는 가로쓰기를 사용한다'는 것이었어.

정말 놀라운 일이야. 한참 나중인 1980년대까지도 신문이나 책에서 심심치 않게 한자나 세로쓰기를 볼 수 있었거든. 하지만 최현배는 일찍이 한글 전용과 가로쓰기의 중요성을 꿰뚫어 보고 있었던 거지. 덕분에 지금 우리가 이렇게 편하게 글을 읽을 수 있게 된 거고 말이야. 그러고 보면 이런 국어학자들의 노력이 결실을 이루기까지 참 오랜 시간이 걸렸네.

어쨌든 해방은 되었지만 일본어의 잔재는 곳곳에 남아 있었어. 예를 들어 수업 시간에 학생 이름을 부르면 학생이 일본어로 "하이!" 하고 대답했다가 "네."로 고쳐 대답하곤 했대. 그러면 선생님이 '하이네'는 시인 이름이라며 면박을 주곤 했다는 거야. 또 다른 예로 도시락은 일본어로 '벤또'인데 당시 정말 많이 쓰이던 말이었거든. 그랬던 걸 최현배가 시조집 《청구영언》에서 '도슭'이라는 말을 찾아 '도시락'이라는 말을 살려 냈지. 그 외에도 많은 일본어의 잔재들을 바꿨는데 '지름, 반지름, 더하기, 빼기' 같은 말들도 그렇게 다시 생명을 얻은 말들이었어.

물론 반대하는 사람도 있었어. 말이란 생명체이므로 우리말에 들어온 외국어를 억지로 고친다면 오히려 말의 혼란과 퇴보를 불러올 것이고 일본어 중에서도 그대로 남겨 둘 것이 있다는 거지. 우리말이 아닌 말들을 어느 정도로 수용하느냐에 따라서 이해할 수 있는 주장이기는 하지만, 그래도 당시의 상황만큼 말이 오염된다면 이런 주장은 틀렸다고 생각해.

그러던 중 또 엄청난 일이 생겼어. 1945년 10월 2일, 서울역 안에 있는 조선운송주식회사 창고에서 사전 원고 뭉치가 발견된 거야. 조선어학회는 사전에 《조선말 큰사전》이라는 이름을 붙이고 다시 본격적으로 작업을 시작했어. 그렇게 해서 1947년 첫 번째 권이 나왔지만 중간에 6·25전쟁과 이승만의 '한글 간소화 정책' 때문에 어려움을 겪기도 했어.

그렇지만 1957년 10월 9일 한글날에 마지막 여섯 번째 권을 출간함으로써 드디어 제대로 된 우리말 사전이 세상에 나왔어.

서울 종로구에 있는 한글학회 본부

순우리말, 한자말, 외래어, 관용어, 사투리, 은어, 곁말, 고유명사,
전문어, 제도어, 고어, 이두 등 총 16만 4,125개의 어휘가 담긴 사
전이지. 참고로 사전 작업이 한창이던 1949년 10월, 조선어학회
는 '한글학회'로 이름을 바꿨어.

최현배

이승만의 한글 간소화 정책

바로 앞에 나왔던 '한글 간소화 정책'에 대해 자세히 살펴보려고 해. 6·25전쟁 휴전 협상이 진행되고 있던 1953년 3월, 이승만 대통령이 특별 담화를 발표했어. 정부 문서와 교과서에 옛날 철자법을 사용하라는 거였지. 이게 무슨 소리냐면 지금껏 최현배를 비롯한 한글학자들이 연구해서 내놓은 맞춤법을 버리고 다시 구한말 기독교계에서 쓰던 성경식 맞춤법을 쓰라는 거야. 뜻을 알아보게끔 표기하는 게 아니라 무조건 소리 나는 대로 쓰는 방식인데 예를 들면 '해돋이'가 아니라 '해도지'로 쓰자는 거지. 하지만 이 방식으로 하게 되면 의미가 구별되지 않는 표기가 너무 많이 발생할 거야. 예를 들면 '곧', '곶', '곳' 같은 것들을 모두 '곳'으로 쓰게 될 테니까 말이야.

이승만은 오랜 망명 생활을 했기 때문에 한글 맞춤법에 적응하기가 어려웠어. 신문을 읽다가도 자주 짜증을 냈고 비서들이 그가 쓴 문장을 지적하면 "자네가 유식하니 자네가 나 대신 대통령 하게! 나는 무식해서 그래!"라며 종이를 집어던지기도 했대. 그래서 자기가 잘 알고 있는 구한말 맞춤법으로 돌아가자고 했던 거였지. 또, '국문'이라고 하면 될 것을 무슨 '한글'이니 하는 말을 써서 사람들을 헷갈리게 만드느냐고 하기도 했어.

이 일은 국가권력과 학계의 대결로 이어졌어. 정부는 공권력을 바탕으로 무작정 이 정책을 밀고 나가려 했고, 이에 언론계와 교육계뿐만 아니라 종교계까지 나서서 반대 운동을 폈지. 최현배는 당시 맡고 있던 문교부(현재의 교육부) 편수국장직도 사임하고 반대 운동에 적극적으로 참여했어. 예상치 못한 저항에 이승만은 한글학회의 사전 간행을 방해하기로 해. 한글학회를 지원하고 있던 미국 록펠러 재단이 더는 한글학회를 도울 수 없도록 정부 차원에서 나섰던 거야.

한글학회에서는 록펠러 재단을 설득하려 했지만 재단 측은 '그 나라 정부가 반대하는 일은 돕지 않는다'는 규범에 따라 지원을 없던 일로 했어. 이렇게 되자 이승만은 다시 특별담화를 발표했어. 석 달 이내에 맞춤법을 폐기하고 예전으로 돌리라는 거였지. 그러고는 얼마 안 가 〈한글 맞춤법 통일안〉을 무시하고 정말로 〈표기법 간소화 공동안〉을 발표해 버렸어. 최현배는 이에 대해 1954년 7월 7일 자 〈부산일보〉 칼럼에서 "왜정 시대 우리 민족 문화를 말살하려 그렇게 애썼던 왜인들도 한글 맞춤법의 과학성을 무시할 수 없어 교과서에도 그대로 살리게 한 바 있었는데, 새삼스레 학리에 닿지도 않은 철자법을 강요한다는 것은 대담무쌍한 일이다."라며 비판했어.

국회에서 공청회가 열리고 또 문교부에서 '한글 간소화 특별대책위원회'도 열렸어. 반대 운동도 계속됐고 말이야. 어느 곳에서도 한글 간소화는 환영받지 못했지. 국회 본회의에서는 심지어 일부 여당 의원들마저 등을 돌렸을 정도였으니까. 결국 이승만은 2년 5개월 만에 한글 간소화 중단을 선언했어. 1955년 9월 20일 자 〈서울신문〉에 이 내용이 보도되었지. 민중이 국문을 어렵게 쓰는 것이 습관이 되어 고치기 어려운 모양이고, 여러 가지 바쁜 일이 있는데 이걸 계속 문제 삼을 수 없으니 자유롭게 하라는 거였어.

　최현배는 1954년 4월, 연세대학(과거의 연희전문학교) 교수로 다시 취임했어. 대학에서 다시 우리말과 글을 연구하고 후학을 기르는 일에 힘썼지. 그러면서 그동안 한글과 관련해 있었던 여러 사건들과 그 극복 과정, 또 한글 사용의 당위성 등을 담은 《한글의 투쟁》이라는 책을 펴냈어. 그리고 학교 문법 통일안에 관한 일을 하기도 하고, 지금처럼 전자기기가 발달하지 못했던 그 시절에 한글의 기계화에 대한 연구를 하기도 했지. 그리고 1962년 3·1절에는 건국훈장 독립장을 받아 독립 유공자로 인정을 받기도 했어.

　1964년에는 박정희 정권이 느닷없이 한글과 한자를 같이 쓰는 정책을 폈는데, 이때도 최현배는 그 옳지 못함을 논리적으로 반박하며 한글 전용을 시행할 것을 촉구했어. 결국 정부는 1970년 1월, 교과서에서 완전히 한자를 배제하도록 하고 한자는 따로 한문 과목에서 가르치도록 했어. 그리고 그게 지금까지 이어져 오고 있지. 최현배가 아니었으면 우리는 아직도 모든 교과의 교과서에서 한자를 마주해야 했을지도 몰라.

최현배는 1970년 3월 23일, 76세의 나이로 눈을 감았어. 평생 우리말과 글을 지키고 다듬으며 살아온 삶이었지. 이후 한글학회는 최현배의 뜻을 잇기 위해 《큰사전》을 고치고 보태어 1992년 《우리말 큰사전》을 펴냈어.

최현배의 삶을 한 문장으로 표현한다면 이렇게 말할 수 있지 않을까?

주시경은 한글을 낳았고 최현배는 한글을 길렀다.

고무줄 '늘이'듯,
한글 실력을 '늘리'자!

만약에 우리말을 소리 나는 그대로만 표기했다면 어떻게 되었을까? 아마도 소리 나는 대로 적기만 하면 되니까 맞춤법은 더 쉬워졌을 것 같아. 하지만 그 안에 담긴 진짜 뜻은 파악하기 힘들게 됐을지도 몰라.

　① 붓을 탁자 위에 반드시 놓아야 한다.
　② 붓을 탁자 위에 반듯이 놓아야 한다.

　'반드시'와 '반듯이'는 둘 다 [반드시]로 소리가 나. 그런데 만약 소리 나는 대로만 적으면 ②의 '반듯이'가 가진 뜻, '물체가 비뚤어지거나 굽지 아니하고 바르게'라는 의미를 제대로 전달하기 어려울 거야.
　이렇게 소리는 같지만 뜻이 다른 표기, 그래서 흔히 잘못 쓰는 표기를 더 알아보자. 쉬운 것부터 볼까? '저리다'와 '절이다'부터 보자.

　① 오래 서 있었더니 다리가 (저리다/절이다).
　② 배추를 소금에 (저리다/절이다).

①은 '저리다' ②는 '절이다'야. 다들 맞혔겠지? '저리다'는 "피가 잘 통하지 못하여 감각이 둔하고 아리다."라는 뜻이고, '절이다'는 "소금, 설탕, 식초 등의 간이 배어들게 하다"라는 뜻이거든.

'느리다', '늘이다'도 소리는 같지? 물론 이 둘의 뜻이 어떻게 다른지는 따로 설명하지 않아도 잘 알고 있을 거야. 그런데 혹시 '늘이다'와 '늘리다'의 차이는 알고 있어? 이 둘은 소리가 다르게 나는데도 가끔 헷갈려서 바꿔 쓸 때가 있지.

① 고무줄을 (늘이다/늘리다).
② 수출 규모를 (늘이다/늘리다).

사전에서 뜻을 찾아보면 '늘이다'는 길이를 말할 때 쓰고, '늘리다'는 양이나 시간을 말할 때 써. 따라서 ①은 '늘이다', ②는 '늘리다'가 맞겠지?

① 오늘이 (몇 일/며칠)이야?
② (몇 일/며칠)째 소식이 없다.

정답은 둘 다 '며칠'이야. 간단히 말하자면, '몇 일'은 아예 쓰지 않고 무조건 '며칠'이라 적는다고 생각하면 돼.

우리말, 알면 알수록 어려운 것 같지? 그래도 잘 사용하면 정말 멋있어 보일 거야.

조선말큰사전_편찬

북한_최고인민회의_부위원장

지금은 고집이나
피울 때가
아닙니다

큰 목표를 위해 수많은 사람과
교류하며 설득해 나간

ENFP

세계를 누빈
우리말글 운동가

이극로

1893~1978

국어학자·정치인

"세상에는 어리석은 사람이 많다. 그런데 우리 집에도 하나 있다."

"다레?(누구?)"

"너지, 누구야?"

"도시데?(어째서?)"

"생각해 보렴. 정신이 있어야 생각도 있지."

"와타시(나)가 정신이 없어?"

"너 일본 말 참 잘하는구나. 그러니 정신이 없지. 네 눈에는 집안사람이 다 일본 사람으로 보이냐? 일본 말은 일본 사람에게 하고, 조선 사람에게는 조선말로 해라."

1920년 6월 15일 자 〈동아일보〉에 실린 "조선인은 조선말로"라는 기사의 내용 중 일부야. 조선인이 조선말을 멀리하고 일본어를 자꾸만 쓰게 되면 민족의 정신을 뺏기게 될 거라는 내용이지. 이런 자료들을 보면 그 당시 우리말과 글이 조금씩 오염되어 가고 있었다는 게 느껴져. 찬찬히 생각해 보면 무서울 정도야. 그래도 그런 위험을 감지하고 우리말과 글을 지킨 사람들이 있었잖아? 그리고 그 방식도 다양했어.

우리나라 최고의 우리말글 학자가 최현배였다면 최고의 우리말글 운동가는 이극로였어. 이극로는 훌륭한 언어학자이기도 했지만, 수완이 좋아 여기저기 뛰어다니며 조선어학회가 잘 운영되도록 많은 힘을 썼던 사람이지.

배움에 진심이었던 고집불통 소년

이극로는 1893년 8월, 경상남도 의령에서 5남 3녀 중 막내로 태어났는데 어릴 적부터 고집이 셌고, 옳다고 생각하는 일에는 절대 뜻을 굽히지 않았다고 해. 자기보다 덩치가 훨씬 큰 동네 형이 때려도 악착같이 달려들어 끝장을 보곤 했다니 어떤 성격인지 짐작이 가지?

이극로의 집안은 양반 가문이었지만 형편이 아주 안 좋았어. 3세 때 어머니가 돌아가시고 이극로는 큰형수님을 어머니처럼 여기고 따랐다는데, 아버지가 재혼을 하면서 동생들이 더 생겨서 한집에 총 21명이 같이 살았대. 안 그래도 좋지 않은 형편에 식구까지 많아져서 이극로는 어려서부터 집안일을 돕곤 했어. 글을 배우고 싶어도 돈이 없어 그러기 어려웠고 말이야. 그래서 그는 서당 아이들이 점심을 먹으러 가면 뛰어들어가 아이들이 쓰고 남은 종이의 빈자리에 한자들을 써 보며 도둑 공부를 했대. 그러면서 해마다 서당에서 시 짓기 대회가 열리면 그때마다 끼어들어서 자신도 시를 짓곤 했는데, 그 수준이 뛰어나 다들 감탄하곤 했대.

1910년 2월, 18세의 이극로는 봇짐 하나 달랑 메고 아무도 몰래 집을 나섰어. 그저 넓은 세상을 보고 싶어 지금의 서울인 경성으로 가야겠다는 생각만 했을 뿐, 아무런 계획도 없었지. 이런 모습은 이후 그의 행적에서도 보이는데, 이극로는 어떤 일이든 몸소 부딪쳐 보고 그런 다음 어떻게든 이루어 내고야 마는 사람이었어. 그런데 첫 가출은 하루 만에 끝나고 말았어. 아침부터 이극로가 보이지 않자 그의 형들이 사방으로 흩어져서 그를 찾았는데, 창녕 방향으로 온 둘째 형에게 그만 딱 잡히고 말았던 거야. 이극로는 풀이 죽어 집으로 돌아갈 수밖에 없었지.

그다음에 이극로가 어떻게 했을 것 같아? 3개월 뒤, 그는 또 길을 나섰어. 이번에는 경성과는 아예 반대 방향인 마산으로 향했어. 당시 마산은 많은 문물과 사람이 오가던 항구 도시였거든. 배움의 열망이 컸던 이극로는 일단 기독교 계열 사립학교인 창신학교에 무작정 찾아갔어. 아직 신학문을 배우려는 사람이 많지 않았던 시기라 입학은 어렵지 않았지만 한 가지 조건이 있었어. 바로 머리를 짧게 잘라야 한다는 거였지. 주시경 이야기에서도 다루었지만 아직 유교적 가치관이 아직 많이 남아 있던 시대라 사람들은 머리를 자르는 것을 불효로 여겼어. 하지만 이극로는 '신체발부수지부모'라는 말을 '세상에 태어나게 해 준 부모에게 감사하라' 정도로만 받아들였어. 그는 길게 땋았던 머리를 그 자리에서 잘라 버렸지.

입학은 했지만 당장 지낼 곳과 학비가 문제였어. 이극로는 잠은 여관에서 자고, 학교를 마치면 외상으로 물건을 떼서 그걸 팔아 돈을 벌었어. 그러던 어느 날 마산으로 장을 보러 온 동네 사람과 마주치고 말았어. 당연히 다음 날 큰형이 찾아왔지. 큰형은 기가 찼어. 이극로가 머리를 빡빡 깎은 상태였으니까 말이야. 큰형은 머리 때문에 부끄러워서 사람들에게 보일 수 없으니 머리를 기르고 집으로 돌아오라고 했지.

얼마 뒤 이번엔 아버지가 찾아왔어. 아버지는 유학이 아닌 신학문을 배우는 것을 문제 삼았지. 이극로는 신학문을 수용한 일본이 청일전쟁, 러일전쟁에서 승리한 이야기를 하며 지금 이 나라에 필요한 학문이 무엇인지에 대해 역설했어. 그래서 이번에도 머리만 길러서 돌아오라는 말을 듣고 넘어갈 수 있었지.

과연 이극로는 머리를 길렀을까? 당연히 아니지. 여름방학이 되어 집에 간 이극로는 여전히 빡빡머리였어. 크게 혼나기는 했지만 그는 신경 쓰지 않았어. 자신의 행동에 대한 믿음이 있었기 때문이야. 방학 동안 이극로는 집안일을 돕는 한편 동네 아이들을 모아서 수학, 과학 같은 자기가 배운 신학문과 한글을 가르쳤어. 아이들은 재미있어했지만 그다음이 문제였지. 이번엔 동네 사람들이 서양 오랑캐 학문을 가르친다며 이극로를 꾸중한 거야. 양반 가문이라 매를 맞지는 않았지만 분위기는 무척이나 험악했어. 이극로에게 배웠던 아이들은 더 혼이 났지.

이극로는 변하고 있는 세상을 모르는 사람들이 원망스럽기도 하고 아이들에게 미안한 마음도 들어 그저 울기만 했어. 대들 수도 없는 상황, 이극로가 처음 맛본 좌절이기도 했지. 다음 날 이극로는 다시 마산으로 떠났어. 스스로 배움을 통해 성공해서 사람들의 의식을 일깨워야겠다는 다짐과 함께 말이야.

지구 반 바퀴를 돌아서

1912년 4월, 창신학교에서 2년간의 과정을 마치고 졸업한 이극로는 또 어딘가로 떠날 준비를 하고 있었어. 중국에서 신해혁명이 일어나면서 마지막 황제였던 푸이가 물러나고 중화민국이라는 공화국이 세워졌기 때문이지. 이극로는 그 과정과 결과를 직접 보고 이를 조선에 적용하면 일제에게 빼앗긴 나라를 되찾을 수도 있을 것 같다는 생각을 했던 거야. 스무 살의 그는 이번에도 무작정 만주를 향해 길을 떠났어.

우여곡절 끝에 평안북도 창성 지역에 닿았을 때였어. 주막에서 밥을 먹는데 고추장이 보이질 않는 거야. 그래서 이극로가 고추장 좀 달라고 했더니 주인이 영 못 알아듣지 않겠어? 그래서 고추장에 대해 이렇게 저렇게 설명을 했더니 그제야 주인이 "아, 댕가지장 말씀하는구나?" 하더라는 거지. 이때 이극로는 크게 깨달은 게 있었다고 해. 바로 조선에 기준이 되는 말이 없으니 같은 조선 사람끼리도 통하지 않는 말이 많다는 것이었어. 이극로는 이때 처음으로 우리말과 글의 기준을 정하고 교육하는 것이 중요하다는 생각을 했어.

이극로는 만주로 향하다 동창점이라는 여관에 머물렀는데, 그곳은 동창학교의 교장 이원식이 운영하는 곳이었어. 그는 이극로가 마산 창신학교에서 공부했다는 얘기를 듣자 동창학교에서 학생들을 가르쳐 달라는 제안을 했지. 그러면서 박은식 선생을 도와줄 사람도 필요하다고 말했어. 이극로는 자신의 무지를 부끄러워하며 그가 누구인지 물었어. 박은식 선생은 〈대한매일신보〉의 주간이었던 분이라는 이야기를 듣고 이극로는 크게 놀라며 그 자리에서 제안을 수락했지. 〈대한매일신보〉는 이극로의

〈대한매일신보〉 주간과 대한민국 임시정부 대통령을 지낸 박은식

어린 시절 한 달에 한 번 마을로 배달되었던 신문인데, 그는 그 신문을 읽으며 더 넓은 세상으로 나가야겠다는 생각을 키워 왔거든. 그런 분을 도우며 일을 할 수 있다니 이극로는 정말 꿈을 꾸는 것만 같았어.

이극로는 이곳에서 박은식뿐만 아니라 윤세복도 만나게 되는데, 이 인연은 나중에 있을 큰일과도 관련이 있어. 윤세복은 훗날 대종교 3대 교주가 되는 인물로 이극로는 그의 인품에 감동받아 대종교에 입교하고 민족을 위한 여러 일에 뛰어들게 돼. 그리고 또 한 사람, 김진을 만났어. 김진은 주시경 선생의 수제자였는데, 당시 우리말과 글을 연구하는 것으로 유명했던 김두봉과 동문이었어. 무작정 만주로 떠났던 것이 이극로의 인생에 영향을 미치는 큰 인연들을 만들어 준 셈이야. 이극로는 자신의 경상도 사투리로 김진의 우리말 연구를 돕는가 하면 그에게서 우리말과 관련된 많은 책을 빌려 읽으며 나름의 연구를 해 나갔어.

1913년, 이극로는 여름방학을 맞아 광개토대왕릉을 보러 갔어. 이때 이극로는 대왕의 웅대한 기상을 느끼고 더 크고 넓은 세상으로 나가려는 자신이 틀리지 않았음을 느꼈다고 해. 민족을 위해 행동으로 실천해야겠다고 생각한 이극로는 그해 말, 신흥무관학교의 전신인 신흥강습소를 향해 다시 길을 떠났어. 이극로는 그곳에서 군사 훈련도 하고 또 학생들을 가르치기도 하며 의미 있는 시간을 보내다 중국 상해에서 고향 친구인 이우식을 만났지. 이우식은 이극로의 그간 행적을 듣고는 그에게 독일인 신부가 세운 상하이의 퉁지 대학에서 공부를 해 보면 어떻겠냐고 제안했어. 학비는 자신이 다 대겠다며 말이야.

이극로는 대학을 졸업한 후, 퉁지 대학 설립자의 추천으로 독일 유학을 떠날 결심을 하게 돼. 그러나 비용이 문제였지. 친구인 이우식에게 다시 도움을 청하려 했지만 여의치도 않았고 말이야. 그때 또 하늘이 도왔던 걸까? 마침 그쪽으로 갈 일이 있었던 대한민국 임시정부의 초대 국무총리인 이동휘의 도움으로 이극로는 통역 역할을 맡아 독일 베를린으로 건너갈 수 있었어.

1922년, 이극로는 베를린 대학에 입학해서 정치학과 경제학을 전공으로, 철학과 인류학과 언어학을 부전공으로 선택했어. 돈이 없었기 때문에 일단 빈민촌에 방을 구해서 접시 닦는 일을 하고 밥도 굶어 가며 공부했지. 하지만 이극로는 결코 좌절하지 않았어. 알다시피 어릴 때부터 무슨 일이든 먼저 뜻을 세우고 거기에 부딪치는 것을 낙으로 삼았으니 말이야.

2학년이 되면서는 몽골어 수업을 들었는데, 이때 그는 독일인 교수와 학생에게 우리말과 글에 대해 이야기할 기회가 있었어. 독일인들은 그 조그만 나라에 자기 말도 있고 심지어 한글이라는 독자적인 글도 있다는 것에 깜짝 놀랐지. 서양 국가 대부분은 자기 글이 없어 로마자를 빌려다 쓰고 있었거든. 일본도 자기네 말인 일본어가 있지만 글자가 없어서 한자를 빌려다 변형하여 쓰고 있었고 말이야.

이 일 이후 학교 관계자가 어느 날 이극로에게 학교에 조선어학과를 설치하는 건 어떻겠냐고 제안을 해 왔어. 이극로는 그 자리에서 흔쾌히 수락했고 이후 3년 동안 베를린 대학에서 조선어학과 강사를 맡아 학생들을 가르쳤지. 그 과정에서 독일 언어학자들의 도움으로 《허생전》을 한글 활자로 찍어 내기도 했어.

그런 이극로에게도 곤혹스러운 일은 있었어. 수업 때마다 종종 듣는 질문 때문이었지.

"선생님, 단어의 철자가 매번 다른 느낌입니다. 혹시 철자법이 통일되지 못했나요?"

"그렇습니다. 아직은…."

"그렇다면 아직 사전도 없는 건가요?"

"그렇습니다."

"사전이 없다니 정말인가요? 5,000년 역사를 가진 나라인데…."

이런 일이 있을 때마다 이극로는 너무나 부끄러웠어. 수학이나 과학, 기술력 등이 서양에 비해 뒤떨어진 것은 어쩔 수 없는 일이었지만, 반만년의 역사를 가지고 그 문화를 발전시켜 온 민족의 말과 글이 아직 통일이 되지 않았기 때문이었어.

머나먼 타국에서 우리말의 소중함을 깨닫다

1925년 2월, 이극로는 베를린 대학을 졸업하고 연구실에서 경제학을 더 연구했어. 그러던 1926년 말, 박사 학위 논문 제출이 얼마 남지 않은 시점에 그는 벨기에의 브뤼셀에서 열리는 세계피압박민족대회에 조선 대표로 참석해 달라는 부탁을 받았지.

그는 독일 유학생 대표로 발탁된 **이미륵**과 함께 회의에 참가했어.

이들은 회의에 참석해서 조선의 어려운 상황을 설명하고 조선의 독립을 도와달라고 주장했지만 일이 성공적으로 마무리되지는 못했어. 이때 이극로는 다른 나라의 힘에 의존할 게 아니라 우리 힘으로 독립을 이루어야겠다는 생각을 했대.

이극로는 다시 독일로 돌아와 박사 학위 논문을 제출하고 발표했는데, 극찬을 받으며 논문이 통과되었고 심지어 교수의 추천 덕에 책으로 인쇄되기도 했어. 1927년 5월, 이극로는 경제학 박사 학위를 받았고 그해 11월에는 영국의 런던 대학 정치경제학부에 들어가 또 공부를 했어. 이때 이극로는 귀중한 경험을 하게 돼. 당시 영국은 '해가 지지 않는 나라'라고 불릴 정도로 수많은 식민지를 가지고 있었어. 그런 영국의 길거리에는 식민 지배를 받는 나라의 국민들이 나와서 독립을 보장해 달라는 시위를 하고 있었지.

'만약 조선에서 조선 사람이 저러고 있다면 어떻게 될까? 틀림없이 일제 경찰이 그 자리에서 연행하여 고문을 하고 때릴 것이다.'

그러나 영국 경찰은 그러지 않았어. 이극로는 덕분에 누구나 자신의 뜻을 펼칠 수 있는 민주주의에 대해 생각해 볼 수 있었지. 그런데 언어학 연구를 위해 아일랜드에 잠시 방문했을 때는 또 다른 경험을 했어. 아일랜드는 독립국이었지만 외교, 경제 등의 실권은 영국이 가지고 있어 사실상 영국의 식민지 상태였어. 이상한 점은 아일랜드는 그 나라 고유의 언어와 문자가 있음에도, 또 영국 정부가 강요한 것이 아닌데도 말도 영어로 하고 글도 로마자를 쓰고 있었던 거지. 아일랜드 정부에서도 자기 말과 글을 쓸 것을 권장하고 있었지만 국민들이 영어가 편하다며 그러지 않는다는 거였어.

이극로는 말과 글이 곧 그 나라의 정신인데, 무언가 잘못되어 있다고 느꼈지. 그러면서 우리말과 글을 제대로 지키지 않으면 얼마 안 가 조선도 아일랜드처럼 되고 말 것이라고 생각했어. 이 경험으로 인해 이극로는 평생 우리말과 글을 지키는 활동을 해야겠다는 다짐을 하게 됐지.

이극로는 1928년 5월에 프랑스 파리로 건너가 음성학 실험실에서 연구를 했는데, 이때 아주 중요한 자료를 남겼어. 소르본

 대학 구술 아카이브 스튜디오에서 우리말 음성을 녹음한 거지. 녹음한 내용은 한글 창제의 내력, 조선어의 자모음과 조선 말소리의 용례, 천도교 교리서 일부 등이야. 일제의 지배로 인해 우리말이 사라질 것을 걱정하여 녹음해서 남겼던 거야. QR 코드를 넣어 뒀으니 꼭 한번 들어 봐.

조선어학회의 살림꾼

1929년 1월, 드디어 이극로는 오랜 타지 생활을 끝내고 조선으로 돌아왔어. 우리말 사전을 만들어야겠다는 결심을 가지고 말이야. 그는 조선어 연구 기관에 대해 알아보고 조선어연구회로 달려가 가입했어. 조선어연구회는 당시 자금이 없어 어려움을 겪고 있었지. 연구회의 사람들은 우리말과 글을 연구하는 학자였지 경영자는 아니었기 때문이야.

이극로는 특유의 추진력과 친화력으로 여기저기 발품을 팔며 뜻있고 돈 있는 사람들을 찾아가 자금을 모았어. 정치경제학 박사가 사전을 만든다는 말을 듣자 이극로의 친구인 이우식을 비롯한 많은 사람이 자금을 대기 시작했지. 이 과정에서 그에게 경제학 박사인데 사업을 해 보는 게 어떻겠냐는 제안을 하는 사람도 있었지만 이극로는 그런 권유를 모두 뿌리쳤어. 그에게 중요한 건 개인의 재산을 모으는 게 아니라 우리 민족의 정신을 지키는 일이었기 때문이야. 그렇게 모인 사람이 총 108명이었어. 이들은 조선어사전편찬회 창립식에 참석해서 발기인이 되어 주었지. 그리고 간사장(대표)으로는 이극로를 추대했어.

조선어연구회는 1931년에 조선어학회로 이름을 바꾸고 사전에 실을 낱말을 모으기 위해 사회 각 분야 전문가들의 의견을 듣기도 하고 전국 교사들에게 사투리를 모아 달라고 부탁하기도 했어. 수시로 회의를 열면서 한글 맞춤법을 다듬고 토론회를 열기도 했고 전국을 돌며 우리말 강습회를 열기도 했어. 이극로가 움직이기 시작하자 많은 일들이 활기를 띠었지. 그러나 모든 일들이 수월하게 흘러간 건 아니었어. 중간에 자금난을 겪기도 했고 일제의 감시나 굴욕적인 일도 견뎌 내야만 했지.

한번은 이런 일도 있었어. 사전을 만드는 일에는 조선총독부가 크게 제재를 가하지 않았지만 독립을 위한 모의를 하고 있는 것은 아닌지 끊임없이 감시하고 있었지. 그런 상황에서 일제는 당시 조선인의 정신을 말살하기 위해 조선인들에게 신사 참배를 강요하고 있었는데, 신사 참배를 하지 않으면 총독부에서 사전 편찬 작업을 강제로 중단시킬 수도 있는 상황까지 오게 되었지. 이극로는 학회 사람들을 설득했어. 하지만 최현배 같은 고집 센 사람들을 설득하기란 쉽지 않았지.

"이 박사나 참배하시오! 난 절대 할 수 없소!"

"최 선생님, 멀리 봅시다. 지금은 고집이나 피울 때가 아닙니다. 신사 참배는 그냥 시늉만 합시다. 우리 정신은 결코 꺾이지 않을 것 아닙니까."

"난 안 합니다. 아니 못 합니다!"

"이러다 우리가 붙들려 가기라도 하면 누가 사전을 만듭니까? 누가 우리말과 글을 지키고 누가 우리 민족의 정신이 온전히 이어지게 할 수 있단 말입니까?"

"…."

어쩔 수 없는 신사참배였지만 이 일로 자존심에 크게 상처를 입은 한 회원은 스스로 목숨을 끊으려 하기도 했지. 그 외에도 이극로는 서로 자신의 이론이 맞다고 주장하는 학자들을 중재하고 달래기도 했어. 그런 과정에서 이극로의 인물 됨됨이를 경험한 사람들은 자기가 아는 사람 중 가장 그릇이 큰 사람이라는 칭찬을 하곤 했대.

1933년 10월, 한글날에 조선어학회는 드디어 〈한글 맞춤법 통일안〉을 발표했어. 1934년에는 표준어사정위원회가 구성되었고 이번에는 방언이나 전문 용어 등에 대해서도 고려해야 했기 때문에 국어학자가 아닌 사람들도 다수 포함되었어. 출신 지역도 다양하게 구성했지. 이때도 재미있는 일화가 하나 있어.

1936년 8월 〈동아일보〉에 실린 내용이지.

표준어를 정하려면 여러 낱말을 추린 후에 그중 대표성을 띠는 하나를 골라야 해. 이 과정에서 서로 의견이 갈리면 여러 사람이 모인 만큼 다수결을 통해 결정을 하곤 했지. 그러다 '강아지'와 '개새끼'라는 말 중 어느 것을 표준어로 정할지 결정해야 하는 상황이 되자 의장이 일어나 큰 소리로 말했어.

"먼저 강아지부터 손을 드십시오."

몇 사람이 손을 들었고 또 의장이 말했어.

"이번에는 개새끼 손을 드십시오."

나머지 사람이 손을 들었지. 그런데 의장이 보기에 어떤 사람이 어느 쪽에 손을 든 것인지 아리송했던 거야. 그래서 이렇게 물었지.

"이 선생은 강아지지요?"

그러자 그 사람이 대답했어.

"나는 개새끼입니다."

안 그래도 앞서 "개새끼 손을 드십시오."에서 사람들은 웃음이 터지려던 걸 참고 있었는데 이 말에 그만 그 자리에 있던 모두가 박장대소했대.

그사이 앞서 말한 흥업구락부 사건 등이 생기면서 어려움도 있었지만 1939년 12월, 조선어학회는 총독부 도서과에 일단 사전 원고에서 완료된 부분을 제출했어. 총독부의 검열을 받고 통과해야만 책을 출판할 수 있었거든. 당연히 온갖 트집들이 이어졌어.

"태극기가 왜 사전에 실려 있는 건가?"

"대한제국, 창덕궁 같은 말들은 왜 실었나? 황국신민들을 자극해서 또 독립운동을 일으키려는 건 아닌가?"

"서울에 대한 설명이 왜 도쿄 설명보다 더 긴 건가? 천황 폐하가 도쿄에 계신데 이건 불경이다!"

그렇게 시간이 흘러 1940년 3월, 출판 허가가 떨어졌어. 물론 '수십 개의 단어를 지워 없애고 수백 군데를 고치면'이라는 조건이 달렸지만 말이야. 어쨌든 조선어학회는 사전의 나머지 부분들도 작업을 하면서 인쇄 준비도 해 나갔고 마침내 1941년, 대동출판사 노성식 사장의 도움으로 인쇄에 들어가서 1942년 봄부터는 조판이 시작되었지. 그렇게 간신히 100여 쪽의 조판을 끝낼 때쯤 터진 일이 조선어학회 사건이었어.

이극로는 대종교 교주인 윤세복과 계속 연락을 해 오고 있었어. 그의 부탁으로 〈단군성가〉를 작곡해 주기도 했지. 이때 〈널리 펴는 말〉이라는 글도 함께 보냈는데 이게 화근이 될 줄은 몰랐던 거야. 일제 경찰이 조선어학회에 들이닥쳤을 때 거기엔 조선 독립을 꾀했다는 죄명을 씌울 만한 증거가 없었어. 그들이 허가해 준 사전 원고뿐이었지. 그들은 눈에 불을 켜고 여기저기 뒤지기 시작했어. 정리해 놓은 사전 원고들도 그만 엉망이 되고 말았지. 그러다 그들은 편지 한 통을 발견했어. 바로 윤세복이 이극로에게 보낸 편지였지.

대종교 교주가 보낸 편지가 발견되자 일제에게는 빌미가 생겼어. 일제는 전부터 대종교를 항일 불법 종교로 보고 있었기 때문에 꼬투리를 잡기 위해 교인으로 가장한 밀정을 대종교에 심어 두었어. 조병현이라는 자였는데, 일제는 그를 이용해 이극로의 편지 〈널리 펴는 말〉을 입수했지. 그런데 문제가 될 만한 부분이 보이지 않자 이들은 편지를 조작해 버렸어. 〈널리 펴는 말〉을 〈조선독립선언서〉로, 편지 내용 중 "일어나라, 움직여라."를 "봉기하자, 폭동하자."로 고친 다음 일본어로 번역해서 상부에 보고했지. 그렇게 이극로를 조선 독립을 목표로 무장 투쟁을 촉구하는 사람으로 바꿔 버렸던 거야.

또 이극로는 평소 뭐든지 메모해 두는 버릇이 있었는데, 일제는 그 메모들에서 조금이라도 조선어학회와 관련이 있겠다 싶은 사람을 모두 잡아들여 악랄하게 고문했어. 그렇게 잡혀간 사람이 48명, 그중 16명은 재판으로 넘겨졌지. 긴 수감 생활과 재판 끝에 1945년 8월 17일, 이극로는 풀려났지만 이때의 고통이 컸던 탓에 이후에는 아예 수첩을 지니고 다니지 않았다고 해.

감격의 우리말 사전 편찬

해방 후 1945년 10월, 사라졌던 우리말 사전 원고가 발견되면서 학회원 모두가 감동과 안도의 눈물을 흘렸어. 이들은 원고를 원래대로 배열하고, 전체적으로 다시 살펴보며 고치고 보태는 작업을 했어. 그리고 일제의 강압으로 삭제하려 했던 부분들도 모두 살려 내는가 하면 당시 상황을 고려해 넣었던 일본식 낱말을 삭제하기도 했지.

이렇게 사전 편찬 작업이 다시 활기를 띠기 시작할 때 뜻밖의 기쁜 일이 생겼어. 조선총독부 도서과에서 근무했다는 김영세라는 사람이 82만 원이라는 돈을 조선어학회에 기부한 거야. 당시 쌀 한 가마니에 30원 정도였다고 하니 어마어마한 액수지? 그 돈은 조선총독부에서 근무하던 조선 사람들이 일제의 전쟁 자금으로 바치려고 모았던 돈이었어. 그러다 해방이 되자 그동안 일제를 위해 일한 자신들의 행동을 속죄하는 의미에서 기부를 했던 거지. 물론 이런다고 그들의 죄가 없어지는 건 아니겠지만, 늘 자금난에 시달리던 조선어학회 입장에서는 아이러니하면서도 반가운 일이었어. 조선인을 죽이는 데 쓰일 뻔했던 돈이 조선인을 살리는 데 쓰이게 되었으니 말이야.

하지만 사전 발간은 또 어려움에 부딪히고 말았어. 해방 이후 물자난이 심각해지면서 종이가 너무 부족했던 거야. 미 군정은 그 때문에 처음에는 허가제로 그나마 책들이 나올 수 있도록 했지만 종이가 더 부족해지자 종이 배급제를 실시했어. 그래서 질 좋은 종이는커녕 품질이 낮은 종이조차 구하기 힘들었고 이런 방대한 분량의 사전을 선뜻 출판해 주겠다는 곳은 당연히 없었지. 이극로는 쌓여 있는 원고 뭉치를 보며 침통해했어. 일제의 압제에서 벗어나기만 하면 사전을 편찬할 수 있을 줄로만 알았는데 현실은 그렇지 않았으니까 말이야.

이극로는 다시 여기저기 발품을 팔았어. 사전을 내 주겠다는 출판사를 찾아서 말이야. 그러다 을유문화사라는 출판사를 소개받고 찾아갔지. 하지만 이들도 처음에는 난감해했어. 없는 종이를 구할 수는 없었기 때문이야. 이극로는 이들에게 그동안 조선어학회가 해온 온갖 고생을 이야기했어. 그리고 이 사전 하나를 위해 죽어 갔던 동료 학자들에 대해서도 이야기했어. 정말 여기서 안 되면 일본인들에게 사전 출판을 맡겨야 하나 싶기까지 했지. 그러나 그럴 수는 없는 일이었어. 우리 민족의 정신을 지키기 위해 만든 사전을 우리 손이 아니라 남의 손을 빌려 낸다는 건 말도 안 되는 일이었지.

이극로의 진심이 가닿았던 걸까. 마침내 을유문화사는 우리말 사전 제1권을 발간해 주기로 약속했어. 곧바로 조판 작업에 들어갔고 을유문화사는 백방으로 뛰어 종이를 구했어. 그렇게

조선말 큰사전

ㄱ ㄲ

《조선말 큰사전》 첫째 권

해서 1947년 10월 9일, 드디어 《조선말 큰사전》 첫째 권이 세상에 나왔어. 564쪽 분량에 특가 1,200원에 보급됐고 표지는 고급스럽게 천으로 씌웠지. 조선어학회가 창설되고 이 결실을 이루기까지 21년이 걸렸던 거야.

이후 이 사전은 《큰사전》으로 이름을 바꾸고 1957년 한글날에 여섯째 권으로 완간하게 되는데, "말은 사람의 특징이요, 겨레의 보람이요, 문화의 표상이다."로 시작하는 머리말은 QR 코드에 접속해 꼭 한번 읽어 보자.

다들 알다시피 해방 이후 우리나라는 남과 북으로 나뉘었어. 이극로는 이를 막고 통일 국가를 세우기 위해 좌익과 우익이 만든 두 단체에 들어가 하나가 되어야 한다고 주장하고 설득했지. 그러나 1946년 6월 이승만이 남한 단독 정부를 수립하겠다고 선언하고 이극로는 이에 반발하여 조선건민회에 들어가 위원장을 맡았어. '남북통일은 외세를 배제하고 당사자 간에 이루어져야 한다', '친일파를 배제하고 상해 임시정부 인사들에게 통일을 맡겨야 한다' 등이 조선건민회의 핵심 주장이었어. 그러나 결국 1948년 2월 국제연합이 남한 단독 정부 수립안을 결정하고 김구는 남북 협상을 제의했지. 이때 이극로도 같이 평양으로 향했어.

　　그러나 협상은 별다른 성과 없이 끝났고 이극로는 그대로
북한에 남았어. 이후 이극로는 북한에서 '문화어 운동'을 주도했
고 북한 최고인민회의 상임위원회 부위원장 등을 맡아 활동하
다 1978년 86세의 나이로 숨을 거뒀어. 이극로는 한글 운동을 위
해 직접 〈한글 노래〉도 만들었는데, 이극로가 북한에 남게 되면
서 이 노래는 금지곡이 됐어. 이후 1951년부터는 최현배가 만든
〈한글 노래〉가 불리게 되지.

　　마지막으로 아버지로서의 이극로를 생각하며 이야기를 마
칠까 해. 이극로는 사전 편찬을 위해 힘들게 일하면서도 늘 가정
에 신경을 썼대. 집 주변에 채소를 기르고 정성 들여 정원을 가
꾸었어. 심지어 양을 기르며 직접 젖을 짜 식구들이 먹을 수 있
게 했지. 닭장을 만들 때는 철망도 직접 꼬아서 만들었다고 해.
이극로의 가훈은 이랬어.

어려운 것을 견딜 것.

남을 원망하지 말 것.

말을 적게 할 것.

힘써 공부할 것.

나무를 심을 것.

남을 알아줄 것.

녹록'지' 않고 만만'치' 않은
한글 공부

이번에는 잘못 쓰고 있는 준말(줄임말)에 대해 알아보도록 하자. 바로 문제로
가볼까?

① (생각건대/생각컨대) 그렇게 하면 안 될 것 같아.
② 내가 (섭섭지/섭섭치) 않게 잘 해 줄게.
③ 이건 결코 (간단지/간단치) 않은 문제야.

①은 '생각건대', ②는 '섭섭지', ③은 '간단치'야. 헷갈리지? 이게 왜 이런
가 싶을 거야. 간단히 설명하자면, 어간에 있던 '하'가 줄어서 'ㅎ'이 난는데,
이게 뒤에 오는 소리와 어울려서 거센소리가 되는 때가 있어. '간편케', '영원
토록'이 그런 예이지.
그런데 ①과 ②에서는 'ㅎ'이 아예 없어졌지? '하' 앞의 받침소리가 'ㄱ,
ㄷ, ㅂ'이면 '하'가 이렇게 완전히 줄어든다고 생각하면 편해. 예를 들어, '깨
끗하지 않다'에서 '깨끗'은 [깨끋]으로 발음되잖아. 받침소리가 'ㄷ'이니까
'하'가 아주 줄어서 준말은 '깨끗지 않다'가 되겠지?
그러면 여기서 문제! '서슴지', '서슴치' 어느 게 맞을까? 정답은 '서슴

지'야. 엥? 받침소리가 'ㅁ'인데 왜 '하'가 완전히 줄어드냐고? 흐흐흐, 함정에 빠진 거야. '서슴다'라는 말은 있지만 '서슴하다'라는 말은 없거든. 애초에 '하'가 없었던 거지!

이런 것들은 사실 문법 지식이 없으면 틀리기 쉬워. 그렇지만 보통 때 자주 쓰는 줄임말인데도 잘못 쓰는 것들도 많아.

① 뭐? 걔네 둘이 (사귀어/사겨)?
② 다 (부숴/부셔) 버릴 거야.

①은 '사귀어', ②는 '부숴'야. ①은 '사귀다'가 으뜸꼴(기본형)이니 활용을 하면 당연히 '사귀'를 바탕으로 해야겠지? 그런데 사람들이 평소 말을 할 때 '사귀어'라는 말이 발음하기 불편해서인지 'ㅜ'를 탈락시켜 버리고, '사겨'라는 없는 말을 만들어 낸 거지.

②도 비슷해. '부수다'가 으뜸꼴이니 '부수어', 그대로 줄여서 '부숴'가 맞는 말인데, 'ㅜ'를 탈락시켜 버리고 그 자리에 'ㅣ'를 집어넣어 버린 거야. '부셔'의 으뜸꼴은 '부수다'가 아니라 '부시다'야. 그래, '눈이 부시다' 할 때의 그 '부시다' 말이야. 따라서 줄임말을 잘못 쓰는 바람에 뜻 자체도 바뀌 버리게 되는 거지.

우리글바로쓰기_집필
어린이_글쓰기_교육

아이들도
알아듣는
말을 써야 한다

쉬운 말과 글 사용을
교육 현장에서 바로 실천한

ISFJ

5

어린이가 깨우쳐 준
순우리말의 가치

↓

이오덕

1925~2003

교육자·아동문학가

'―에 있어서'라는 표현을 사용하지 말라는 말을 한 번쯤은 들어 봤을 거야. 일본어에서 온 표현이고 우리말에는 애초에 없던 것이기 때문이지. 그러면 왜 이런 말이 쓰이기 시작한 걸까?

이오덕이 쓴 《우리글 바로쓰기》를 읽으면 그 이유를 짐작할 수 있어. 일제 강점기에 학교를 다닌 사람들은 어떠한 책이든 일본 책으로 읽을 수밖에 없었어. 그래서 직접 글을 쓸 때도 일본어를 번역한 글투에서 벗어나지 못했다는 거지. 광복 이후 세대 역시 일제 강점기 지식인들에게 학문을 배우고 그들의 책으로 공부했기 때문에 같은 말과 글을 익히게 됐고 말이야.

우리나라는 과거에는 중국의 글자인 한자를 썼어. 일제 강점기에는 일본 글자인 가나를 써야 했고 말조차도 일본어를 해야 했어. 그러다 해방 이후, 최현배와 같은 국어학자들을 중심으로 일본어의 잔재를 없애려는 여러 노력이 있었어. 문제는 그들도 지식인이었던 탓에 미처 알아채지 못한 일본식 표현들이 많았더라는 거지.

평생을 교육자로 살면서 어린이들의 마음을 바라보고 그들을 위한 글을 썼고, 또 잘못 쓰이고 있는 우리말을 바로 잡으려 애썼던 분이 바로 이오덕이야.

일평생 교육자로 살다

이오덕은 1925년 11월, 경상북도 청송에서 태어났어. 이름은 아버지가 지었는데, 태어난 연도인 1925년의 '5'와 태어난 장소인 덕계리의 '덕'을 따왔대. 그는 어릴 적에는 교회에 다니면서 〈고향의 봄〉, 〈반달〉 같은 노래를 배웠고 주일 학교에서는 동화 구연을 듣곤 했대. "푸른 하늘 은하수"로 시작하는 〈반달〉 들어 봤지? 이 노래는 윤극영이 1924년에 만든 곡이야. 생각보다 정말 오래된 노래지?

이오덕이 화목공립보통학교에 입학한 1933년, 안타깝게도 어머니가 돌아가셨어. 어린 나이에 큰 슬픔을 겪었던 거지. 그래도 누나들이 보살펴 줘서 잘 이겨 내고 성장해 나갈 수 있었대. 성적은 우수한 편이었는데 수학은 조금 못하는 편이었다고 해. 보통학교 시절 인상 깊었던 작품은 선생님이 수업 시간에 들려

주었던 《장발장》이었다는데, 이런 이야기를 들을 때마다 난 새삼 놀라곤 해. 일제 강점기에도 당연히 책이 번역되고 읽혔겠지만, 흔히 상상하기로 당시에는 왠지 모든 게 억눌려 있었을 것만 같아서 말이야.

1939년에 학교를 졸업한 이오덕은 중학교에 가지 않았어. 집안 형편이 어렵기도 했지만 스스로도 필요성을 느끼지 않아서였어. 그래서 그냥 집에서 일을 도우면서 틈틈이 혼자 책을 읽었는데, 이때 감명 깊게 읽었던 작품은 친구가 빌려준 《암굴왕》, 바로 《몽테크리스토 백작》이었어.

이오덕은 1941년에 영덕공립농업실수학교에 들어가 열심히 공부했어. 덕분에 우수한 성적으로 졸업하고 1943년에는 특채로 군청에서 일하게 되는데, 이오덕은 이때 학교에서 뛰노는 아이들을 보고 문득 자기 천직은 교사가 아닐까 생각했어. 그래서 독학으로 교원 자격시험을 보고 1944년에 부동국민학교 교사가 되었지. 그는 이렇게 처음으로 교육자의 길에 들어서서 1986년 1월 퇴임할 때까지 쭉 교육자로 살았어.

우리말 교육의 바른 목표

이오덕은 일제 강점기 말에 아이들을 가르쳤는데, 그때는 일본어로 가르치는 것을 누구나 당연하게 여겼어. 그래서 그도 아무런 생각 없이 그렇게 가르쳤다가 광복 이후에서야 우리말이 얼마나 망가져 있는지 느끼고 일본어로 아이들을 가르친 것에 큰 부끄러움을 느꼈지. 그는 그가 가르쳤던 아이들을 보며 깨친 바를 《우리글 바로쓰기》에 이렇게 적었어.

> 나도 어린아이들의 말과 글에서 우리말의 순수함을 배웠다.
> 그래서 어른들이 쓰는 글과 말이 잘못된 것을 깨닫게 되었고,
> 그 깨달음을 바탕으로 하여 이 책을 내게 되었다.

이오덕은 아이들과 글쓰기 수업을 많이 했어. 그리고 아이들이 썼던 글들을 하나하나 잘 엮어서 보관하고 그것들을 묶어 책으로 내기도 했지.

> 노란 풀잎들은 이제 봄이라고 올라옵니다. 노란 풀잎은 아기처럼
> 부드럽고 작았습니다. 나는 풀잎을 만져 주었습니다. 풀잎들은
> 좋다고 웃는 것 같습니다. 그래 나는 그것을 보고 참 기뻤습니다.

1959년에 초등학교 2학년이었던 임도순 학생이 쓴 〈풀잎〉이라는 글이야. 이오덕이 가르친 아이들 글 모음 가운데 《우리도 크면 농부가 되겠지》라는 책에 실려 있지. 혹시 이 글을 보면

서 어떤 생각이 들었어? 지금 어린이들이 하는 생각과 크게 다르지 않다는 게 느껴지지 않아? 수십 년이 지나도 변하지 않는 것이 있다는 거지. 바로 어린이의 눈 말이야. 아기처럼 부드럽고 작은 풀잎을 발견할 줄 아는 눈, 그런 풀잎을 만지고 교감할 줄 아는 눈, 그러니까 세상을 아름답게 바라볼 줄 아는 눈 말이지.

이오덕은 주로 도시가 아닌 농촌이나 산골에서 아이들을 가르쳤어. 심지어 아이들과 가깝게 지내고 싶어 교감직을 내려놓고 다시 아이들에게 돌아가기도 했대. 그리고 아이들과 산으로 들로 나가거나 자연과 교감할 수 있는 수업도 많이 했어. 아이들과 함께 나무를 안아 보며 나무 크기를 재 보고 내년엔 얼마나 컸을지 다시 재 보자고 약속하기도 했고, 교실에 들어온 참새를 아이들과 함께 구해 주기도 했어. 산으로 나가면 아이들은 풀숲에서 여치나 사마귀를 잡기도 하고 숨어 있는 두꺼비를 발견해 내기도 했어. 산딸기가 있으면 따서 먹고 댓잎으로 숟가락을 만들기도 했지. 산꼭대기에 오르면 다 같이 크게 "야호" 외치기도 하고 말이야. 때로는 다 함께 냇가에서 신나게 첨벙거리며 놀았어.

오래전이지만 그때도 이렇게 자유로운 수업을 마음껏 할 수 있는 건 아니었어. '아이들이 공부를 열심히 해야 한다', '외부에서 상을 많이 받아와야 한다', '교육청에서 장학사가 오니 청소를 깨끗이 해야 한다' 하며 닦달하는 학교 관리자가 있었어. 그리고 'A 선생님은 애들이 공책에 열심히 필기하게 하는데 B 선생님은 왜 아무것도 안 쓰게 하느냐' 하며 애들이 배운 게 없다고 학교에 찾아오는 학부모도 있었지. 정작 A 선생님은 그저 참고서 내용을 그대로 옮겨 적기만 했고 B 선생님은 아이들이 관찰하고 토론하도록 하면서 서로의 생각을 존중하는 방법까지 가르쳐 주었는데 말이야.

아이들은 그 자체로 순수했어. 오히려 그런 아이들을 망치는 건 어른들이었지.

만화책. 아니 인형, 동화책, 장난감, 옷. 그래 공부야. 생각이 난다. 공부라는 것은 공부를 못하면 돈도 못 벌고 공부를 못하면 식구들을 먹여 살리기가 어렵다는 것을 알았다. 이제야 왜 엄마가 공부 공부 하는가를 알았다. 인제 엄마가 귀 따갑게 공부 말을 할 필요가 없다고 생각한다.

이 글은 초등학교 3학년 학생이 쓴 〈나에게 필요한 게 뭘까?〉라는 글이야. 그때도 "공부하지 않아도 돼!"라고 말하는 어른은 별로 없었던 모양이야. 저 아이한테 우리 한번 물어볼까?

이오덕

"공부를 잘해야 하는 이유는 뭐야?"

"잘살기 위해서야."

"그렇다면 잘산다는 것은 무엇일까?"

"돈을 많이 벌어서 걱정 없이 편안하게 사는 거야."

"그러면 공부는 네가 하고 싶어서 하는 거야?"

아마 지금 아이들에게 물어봐도 비슷한 대화가 이어지겠지? 가만히 앉아서 먹고 싶은 것 먹고, 보고 싶은 것 보고, 가고 싶은 곳 가고, 하고 싶은 걸 다 할 수 있는 삶. 내 몸을 움직여서 고생할 필요가 없는 삶. 그러나 이오덕은 그런 삶이 과연 바람직한 것일까 의문을 가졌어. 그것은 어쩌면 어른들이 원하는 삶이 아닐까, 그런 어른의 생각을 아이들에게 심어서 "공부해서 잘살아야 해!"라는 강박 관념을 가지게 하는 건 아닐까 했던 거지.

아이들을 꾸짖어서 훈련하고 길들여서 어른으로 만들어 버리는 것이 정말 옳을까? 땀 흘려 일하는 삶의 소중함을 깨닫지 못한 채 오직 편안한 삶만을 꿈꾸게 하는 것. 그래서 더 나은 내 삶을 위해 남을 밟고 올라서야 하는 것. 그것을 아이들에게 가르치는 게 맞을까? 원래의 순수했던 마음을 잃어버리고 현재가 불행한 아이들에게 어떤 미래가 있을까? 이오덕은 아이들이 그렇게 변해 가는 게 안타까웠어.

이오덕이 바랐던 아이들의 미래는 과학에 길든 사람이 아닌 철학자 같은 사람이었어. 누군가의 지시가 있으면 기계 부속품처럼 그대로 따르는 사람이 아니라 스스로 생각하고 움직이는 사람이 되길 바랐지. 아이들이 그에게 영향을 줬던 것처럼 그도 아이들에게 좋은 영향을 주고 싶었어. 그래서 아이들과 밖으로 나가고 또 아이들이 다양한 생각을 표현할 수 있도록 글쓰기 수업도 많이 했던 거야.

아이들의 말을 오염시키는 어른들

이오덕은 아이들이 하는 순수한 말에 귀 기울였어. 그 말들을 모두 귀담아들어 주려 한 것도 대단하지만, 그 말들 속에서 진짜 우리말을 발견했다는 게 아주 중요하지. 시골 할머니도 잘 알 수 있는 말, 어린아이라도 알아듣는 말, 누구나 듣고 말할 수 있는 쉬운 말이 바로 진짜 우리말이라는 거야.

이 이야기를 시작할 때 이오덕이 일본 말의 잔재를 없애려 노력했다고 했었지? 물론 지금은 그런 노력 덕분에 많은 우리말이 제자리를 찾아가고 있어. 그런데 이오덕이 문제라고 생각한 건 그것만이 아니었어. 우리말에는 사실 한자어가 굉장히 많이 들어 있어.

'어차피'라는 말을 예로 들어 볼게. '어차피 이렇게 된 거 한

번 잘해 보자.' 같은 식으로 아주 많이 쓰이는 말이잖아. 그래서 인지 이 말이 순우리말인 줄 아는 사람도 많은데, 사실은 '어차 어피에'라는 한자어의 준말이야. 그리고 사람들이 뜻을 잘 모르는 한자어도 많아. 예를 들면 '제고하다' 같은 말이 있지. 이 말의 뜻은 '쳐들어 높이다'인데 '다시 생각하다'라는 뜻의 '재고하다'와 헷갈리는 경우를 많이 봤어.

이오덕은 이런 한자어들도 쉬운 우리말로 바꾸어 쓰자고 했어. '높이다'처럼 누구나 쉽게 알아볼 수 있는 우리말이 있는데 왜 굳이 '제고하다' 같은 어려운 말을 쓰느냐는 거지.

그 외에도 '토양 수분'이라는 말을 보자. 이런 말은 농사를 짓는 사람들과 아주 가까운 말이잖아. 그런데 농부들에게 농사 일을 지도한다는 사람들이 '토양 수분' 같은 말을 쓰면 평생 농사 만 지어 온 사람들이 쉽게 알아들을 수 있겠냐는 거야. 그냥 '땅 물기'라고만 해도 충분히 알아들을 수 있는데 말이야.

다만 이오덕은 '어차피' 같은 단어는 바꾸지 않아도 된다고 봤어. 마찬가지로 '비행기'를 '날틀'로 '학교'를 '배움집'으로 바꿀 필요도 없다고 했어. 한자어라도 부르기 좋고 듣기 좋고 잘 구분 할 수 있으면 문제없다고 생각했거든. 그의 생각 중 우리말을 순 수하게 되살려 써야 한다는 학자들의 입장과 같으면서도 달랐 던 부분이 바로 여기야. 우리나라 사람들 누구나 쉽게 알아들어야 한다는 것을 기준으로 했기 때문이지.

　그렇다면 우리말이 이렇게 된 이유는 뭘까? 이오덕은 그 원인이 앞서 얘기했듯 지식인들에게 있다고 생각했어. 어려운 말을 써야 더 고상해 보이고 대단해 보인다는 생각으로 그런 말들을 쓴다는 거야. 이오덕은 이렇게 어른들이 아이들의 말을 오염시킨다고 생각했어. 당시 우리말의 처지에 대해 이오덕은 《우리글 바로쓰기》에서 "우리말은 모든 신문과 잡지와 그 밖의 책에서 쫓겨나 땅바닥에 팽개쳐져서 유식한 사람들의 구둣발에 짓밟히게 되었다."라고 말했어.

　사실 이렇게 쓰고서 나도 조금은 마음이 불편해졌어. 이 책을 쓰면서 독자들이 어려운 말들도 알아야 한다고 생각해서 일부러 쓴 한자어도 많이 있거든. 학생들에게 국어를 가르치는 입장에서 생각할 때 말이야. 그런데 이오덕이 바꿔 쓴 쉬운 우리말들을 보고 '이렇게 아름다운 우리말이 많았구나. 나는 얼마나 이런 말들을 써 보려 노력했었나?' 하는 생각이 들어서 많이 부끄러웠어.

　이쯤 되면 이런 의문이 생길 수도 있어. 하지만 결국 말은 변하는 게 아닐까? 여러 나라의 문화들이 오고 가면서 자연스럽게 서로의 말을 받아들이게 되는 건 아닐까? 지금 우리가 쓰는 말이 조선 시대나 고려 시대의 말과는 다른 것처럼 말이라는 건 변하게 마련이니까.

이오덕 역시 말이 변하는 건 당연한 현상이라고 했어. 다만 우리말을 지키려는 노력조차 없이 다른 나라의 말을 받아들이는 것은 옳지 못하다고 했지. 새로운 말이 들어온다면 적어도 그 말이 우리말로 표현할 수 있는 것은 아닌지 생각이라도 해 봐야 한다는 거야. 그런 노력도 없이 무작정 말을 받아들이면 결국 우리말이 망가지게 된다는 거지.

우리말 속 일제의 잔재를 털어 내다

이번에는 이오덕이 고쳐 써야 한다고 했던 말들을 몇 가지 알아보자. 이오덕은 우리말을 오염시킨 원인으로 일본 말의 잔재, 한자어의 잦은 사용, 잘못된 번역 투의 문체, 외국에서 유입된 말 등을 꼽았어. 그러면서 가능하다면 쉬운 우리말로 고쳐 쓰자고 했지. 하지만 이오덕이 지적한 여러 문제를 나 역시 다 고쳐서 쓰지는 못했어. 공감이 가는 부분들이 많았지만 지금 우리가 쓰는 말과는 많이 달라서 오히려 혼란을 줄 수도 있을 것 같았거든. 자, 그러면 어떤 문제들이 있었는지 한번 보자.

먼저 일본 말의 잔재들이야. 일단 누가 봐도 일본 말인 '와리바시', '벤또' 같은 말들은 뺄게. 이런 말들은 이미 우리말로 순화된 것들이니까. 여기서는 우리가 자주 쓰는 말 속에 숨어 있는 일본 말을 다뤄 볼게.

먼저 '입장'은 놀랍게도 일본식 한자어야. '내 입장에서 한번 생각해 봐.', '자기 입장만 내세우면 안 된다.'같이 무척 자주 쓰이는 말이잖아. 너무나 자연스럽게 쓰는 말이기 때문에 아마 놀랐을 거야. '입장'은 'たちば(타치바)'의 한자 표기인 '立場'을 우리말 발음대로 읽은 거야. 원래 우리말에서는 쓰이지 않던 말이었던 거지. 그러면 어떻게 고쳐 쓰면 될까? 조금만 생각해 보면 몇 가지가 떠오를 거야. 처지, 형편, 의견, 주장 같은 것들 말이야.

조사 '의'를 무분별하게 사용하는 것도 일본 말의 잔재야. 일본 말에는 종종 말과 말 사이에 'の(노)'가 붙는데, 이걸 우리말로 해석하면 '의'가 돼. 그런데 우리말에서 '의'를 쓰지 않아도 될 자리에 '의'를 붙이는 게 문제라는 거지. 예를 들면 '자연으로의 회귀', '자기로부터의 혁명', '고향에로의 통로는' 같은 표현이 있어. 이 말들은 '자연으로 돌아가기', '자기 혁명', '고향으로 가는 길은'과 같이 쓰면 되고 굳이 '의'를 붙일 필요가 없다는 거지.

다음은 피동 표현의 문제야. 이건 국어 시간에도 들어 본 적 있을 거야. 불필요하게 피동 표현을 쓰거나 이중 피동 표현을 쓰지 말라는 것 말이야. 우리말은 원래 능동 표현을 많이 쓰고, 일본 말에서는 피동 표현을 많이 쓰거든. 불필요한 피동 표현의 예를 들어 보면 '담배 자판기 추방되어야 한다', '진솔된 행위' 등이 있어. 이건 '담배 자판기 추방해야 한다', '진솔한 행위'로 쓰는 게 훨씬 자연스럽지. 이중 피동 표현은 '교육이 잘못되어져 있다는 사실', '이길 것으로 보여진다' 같은 경우야. '교육이 잘못되어 있다는 사실', '이길 것으로 보인다'가 자연스러운 표현이야.

그 외에도 많은 것들이 있지만 혹시 더 궁금한 게 있다면 이오덕의 《우리글 바로쓰기》를 한번 읽어 보기를 바라. 다만 이오덕은 이런 우리말의 문제를 다루었으면서도 자신이 쓰면 안 된다고 한 표현을 드문드문 쓰기도 했어. 스스로도 그런 것을 알고 있었고 말이야. 그의 일기를 보면 "그렇게 애써서 내 글을 손본다고 손보았지만 오래 길든 버릇이 튀어나와서 어쩔 수 없구나."라며 아쉬워하기도 했지.

그리고 이오덕은 잘못된 말을 바로잡기 위해 굳이 새로운 우리말을 만드는 걸 원치 않았어. 누구나 자연스럽게 받아들일 수 있는 우리말을 살리는 일이 중요한 것이지 엉뚱하고 낯선 새 말을 만들어서 오히려 혼란을 일으켜서는 안 된다는 거야. 이오덕은 이미 우리가 쓰고 있는 말로도 충분히 잘못된 말을 대신할 수 있다고 생각했거든.

아이들을 사랑하고 아이들에게 배우다
다시 이오덕의 생애에 대해 좀 더 이야기해 보자. 이오덕은

42년 동안 초등학교에서 아이들을 가르치면서 어린이가 곱고 착한 마음을 키워 갈 수 있도록 노력했어. 그런 마음을 가져야 올바른 어른으로 자라나 건강한 사회를 가꾸어 가는 사람이 될 수 있다고 믿었거든.

이런 일이 있었어. 아이들 이름은 가명으로 처리할게. 하루는 이오덕의 동료 교사에게 세연이가 자기를 모욕하는 편지를 누가 썼다면서 울며 찾아왔던 거야. 동료 교사는 글씨체를 근거로 재원이가 범인이라고 생각했는데, 그 아이는 자기가 쓴 게 아니라고 잡아뗐지. 그러면서 편지의 표현 방식 등을 바탕으로 자기 후배인 기영이가 그런 표현을 많이 쓴다며 그 아이가 범인일 거라고까지 했어.

이후 여러 조사 결과 결국은 자기가 아니라고 잡아뗐던 재원이가 범인인 게 밝혀졌어. 놀랍게도 재원이는 기영이에게 찾아가 누가 물어보거든 그런 표현을 평소 많이 쓴다고 말하라고까지 해 두었던 거야. 어린아이가 제 나름대로 지능적인 범죄를 계획했던 거지. 그런데 이 재원이라는 아이는 평소 동시를 잘 써서 상도 많이 받았고 공부도 잘하는 아이였어.

이오덕은 이 이야기를 듣고 많은 생각을 했대. 과연 무엇이 문제였던 걸까? 누가, 아니면 무엇이 이 아이를 이렇게 만든 것인가? 결론은 동시 교육이었어. 동시 교육을 받아서 오히려 빈말을 꾸며 맞추고, 다듬고 잔꾀만 부리며 교묘하게 남의 흉내를 낼 수 있었다는 거지. 학교의 동시 쓰기 교육이 오히려 아이들의 순진한 마음을 없애고 교활한 마음만 심어 주었다는 거야. 당시의 동시 교육은 마음의 진실함을 드러내는 것 대신 유려한 표현을 중시했고 똑똑한 이 아이는 진심 없이 필요한 것만 가져와서 동시를 썼던 거지.

이오덕은 참된 시를 가르치고 창의성을 기르는 글쓰기 교육을 해야겠다고 생각했어. 그것이 아이들을 바른길로 이끄는 방법이라고 여겼어. 거짓이 담긴 말장난에서 벗어나서 말이야. 그래야 아이들이 컸을 때, 이웃을 돌아볼 줄 모르고 남을 속이고 자기 이익만 챙기는 '괴물 엘리트'가 되지 않을 거라 생각했어.

그렇게 이오덕은 아이들을 위한 참된 글쓰기 교육을 시작했어. 그 밑바탕에는 쉽고 아름다운 우리말이 있어야 한다고 생각했지. 그러면서 이오덕 스스로도 어린이를 위한 동시와 동화도 많이 썼어. 《강아지 똥》과 《몽실 언니》로 유명한 동화 작가 권정생을 만나 서로의 어린이 문학에 대한 생각을 확인하고 귀한 인연을 이어 가기도 했고 말이야. 그리고 혼자만의 교육이 되어서는 안 된다고 생각했기 때문에 한국글쓰기교육연구회, 경북아동문학연구회 등을 결성하기도 했어.

그러면서 사회 정의를 바로 세우는 일에도 앞장서곤 했어.

동화 작가 권정생

그 과정에서 박정희 정권 때에는 중앙정보부에 끌려가 고초를 겪기도 했고, 전두환 정권 때에는 그의 책이 불온서적으로 판정받기도 했지. 이오덕의 시집 《개구리 울던 마을》에는 아이들이 장난치다 걸려 벌서다가 쉬는 시간이 되자 다시 장난치는 장면을 묘사한 부분이 있었어. 거기에 아이들 말로 "까라 까! 쓰러뜨려라! 넘어뜨려!"라고 한 것이 '현저히 폭력을 조장할 만한 위험한 내용'으로 검열당했던 거야.

　　당시에는 '문제 교사 식별법'이라는 공문도 내려오던 때였으니 그럴 만도 했지. 그 공문에 따르면 '아이들에게 지나치게 열성적인 교사', '학급 문집, 학급 신문 만드는 교사', '아이들에게 풍물을 가르치는 교사'가 바로 문제 교사였다고 해. 이 기준에 따르면 지금은 문제 교사 아닌 교사를 찾기가 어려울 것 같은데 말이야. 어쨌든 그 바람에 어느새 감시 대상이 되어 버린 이오덕의 행동 하나하나는 상부에 보고되고 있었어. 실제로 경북교육청은 당시 이오덕 동향 보고서를 작성해서 문교부에 보고했대. 그래서 이오덕은 자기 회갑 축하 자리도 제대로 가질 수 없었어.

거기서 끝이 아니었어. 이오덕이 교장으로 있을 때에는 뭔가 하나라도 문제 삼아 그를 쫓아내려고 수시로 학교에 감사를 나왔지. 이오덕은 그런 일로 가장 큰 피해를 보는 것은 아이들이라 생각했어. 감사가 나올 때마다 학교는 난리가 나니까 말이야. 그래서 결국 그는 1986년 2월에 스스로 교직을 떠났어. 정년이 아직 남았지만 사실상 독재 권력이 그를 쫓아낸 거였지.

이오덕은 이 일이 오히려 우리말과 글에 대해 다시 생각해 볼 수 있는 좋은 기회가 되었다고 이야기했어. 차차히 이 문제들을 돌아볼 시간이 생겼던 거지. 그렇게 나온 책이 바로 《우리글 바로쓰기》야. 이것도 참 비극이면서 한편으로는 다행스러운 일이지?

그 후 이오덕은 어린이 문학과 우리말을 살리는 여러 일에 힘을 쏟았어. 서울 시내 초등학교 교사들을 중심으로 제자들을 위한 장학금을 마련하는 초원봉사회의 고문을 맡기도 하고 '우리말 살리는 모임'을 만들어서 잡지를 펴내 사람들이 우리말에 더 관심을 가질 수 있게 하기도 했어. 1993년에는 '국민학교 이름 고치는 모임' 운영 위원으로 참여해서 1996년, 일제의 잔재이기도 했던 **국민학교**라는 명칭을 **초등학교**로 바꾸는 데 기여하기도 했지. 2002년에는 대한민국 은관문화훈장을 받는 명예를 누리기도 했어. 그러다 2003년 8월 25일 새벽, 이오덕은 충청북도 충주시 무너미 마을 고든박골에서 78세의 나이로 숨을 거뒀어.

지식 더하기 ⊗ ⊖ ⊗

국민학교와 초등학교
일제는 그전까지 '보통학교', '소학교'라고 부르던 초등교육 기관의 이름을 1941년 '국민학교'로 바꾸었는데, 이 명칭이 광복 이후로도 계속 사용되다가 1996년 김영삼 정부 시절 '초등학교'로 바뀌었어.

이오덕은 평생을 아이들을 위한 삶을 살았어. 또 우리말을 살리기 위해 힘썼지. 마지막으로 《우리글 바로쓰기》에서 우리말에 대한 그의 생각이 잘 드러나는 대목을 인용하며 마칠게.

> 여러분이 아무리 좋은 사상을 얻었다고 하더라도 그것은 남의 나라의 앞선 지식인들이 펼쳐 놓은 사상에 지나지 않습니다. 그 앞선 지식인들은 모두 자기 나라 말로 자기 나라 글로 생각을 표현해 놓았다는 것을 명심해야 합니다.

'다대기' 말고
'다진 양념' 주세요

우리가 일상에서 쓰는 말 중에는 아직도 일본말의 흔적이 남은 말들이 많이 있어. 오랫동안 일본 제국의 지배를 받았으니 그럴 만도 하지. 옳지 않은 과정이었다고 해도 한번 생명을 얻은 말은 쉽게 사라지지 않으니까 말이야.

그중에서 조사인 '-의'가 가장 강력하게 남아 있는 것 같아. 나도 글을 쓸 때 '-의'를 되도록 안 쓰려 애쓰지만, 왠지 없으면 안 될 것 같은 때도 많거든.

다음 말들을 어떻게 고치면 좋을지 생각해 보자.

① 글자의 모양
② 물음의 답을 생각하며
③ 우리의 가는 길

정답은 ① '글자 모양' ② '묻는 말에 답을 생각하며' ③ '우리가 가는 길'이야. ①은 '-의'를 빼더라도 전혀 어색하지 않고 오히려 깔끔한 느낌마저 들지? ②나 ③도 '-의'를 다른 말로 바꾸니 말속에 담긴 뜻이 더 잘 살아나는 느낌이야. 쉽지 않겠지만, 이렇게 '-의'를 되도록 쓰지 않는 연습을 해 보자.

다음은 이미 국립국어원에서 순화한 단어를 제시했는데도 아직 사람들이 많이 쓰는 말들이야. 이 말들을 어떻게 바꿔 쓰는 게 좋을지 한번 생각해 봐.

① 땡땡이   ② 다대기   ③ 노가다   ④ 기스

①은 '물방울무늬'야. '땡땡'은 '점'을 뜻하는 일본말 '텐텐点点'에서 온 말이지.

②는 '다진 양념'이야. 어른들이 국밥이나 냉면을 먹을 때 '다대기'를 찾는 걸 들어 봤어? '다대기'는 다진 마늘, 생강, 고춧가루 등을 끓는 간장에 넣고 다시 볶은 양념을 말해. '다지다'라는 뜻이 있는 일본말 '타타키叩'에서 온 말이야.

③은 '막일'이야. '노가다'는 일본말 '도카타土方'에서 온 말이지. '막일'을 사전에서 찾아보면 '이것저것 가리지 않고 닥치는 대로 하는 노동'이라고 나와. 그런데 실제로는 몸을 써서 힘들게 일하고 하루치 임금을 받는 노동을 낮춰 부르는 말로 쓰이고 있지 않은지 생각해 봐야 해.

④는 '흠'이야. '기스'는 일본말 '키즈傷'에서 온 말이야.

꽤 오랫동안 일본말을 순화해 왔는데도 아직도 많은 말들이 살아남아 있지? 앞으로는 바른 말을 쓰기 위한 우리 노력이 더 중요할 것 같아.

최연소_초등교사

대한민국_헌법_교정

기사든
법령이든
고칠 건 고쳐야

누가 뭐라고 해도 틀린 건
바로잡아야 직성이 풀리는

INTJ

6

2만 통이 넘는
빨간 펜 교정 편지

이수열

1928~2021

국어학자

신문에 칼럼 같은 것을 오래 연재한 사람은 이수열 선생에게서 한두 번 편지를 받은 기억이 있을 것이다. 선생은 오랜 기간에 걸쳐 주로 명망가들이 지면에 발표한 글을 오려 백지에 붙이고, 우리말의 어법에 어긋난다고 생각되는 구절들을 붉은 잉크로 수정하여, 그 필자들에게 꼬박꼬박 보내 주었다.

문학 평론가였던 황현산의 산문집 《밤이 선생이다》에 실린 글의 한 대목이야. 이 글을 바탕으로 이제 이어질 이야기의 주인 공인 이수열이 어떤 사람이었을지 한번 생각해 봐. 참고로 한 신문 기사에 따르면 이수열이 글을 수정해서 20여 년간 보낸 편지 는 2만여 통, 편지를 받은 사람은 5,000여 명이라고 해. 정말 우 리말과 글에 대한 사랑이 대단했지? 어리석게도 나는 이 기사를 보고 '저 정도면 편지지와 우표 값이 얼마나 들었을까?'부터 생각했지만….

우리말글 지킴이의 남다른 어린 시절

이수열은 1928년 2월, 경기도 파주에서 태어났어. 마을 이름이 송라동이었는데, 송라는 소나무겨우살이라는 생물이야. 이걸 순우리말로 풀어 쓴 '솔애울'은 이수열의 호이기도 해.

이수열의 집안은 무척 가난했어. 그의 아버지는 남의 땅을 빌려 농사를 짓는 소작농이었지. 그래서 늦겨울쯤 되면 늘 먹을 게 없어서 고생을 하곤 했어.

10세가 되던 해에 이수열은 동네 친구들을 따라서 보통학교 입학시험을 쳤는데, 거기서 1등을 했어. 하지만 성적이 그보다 좋지 않았던 친구들도 다 입학했는데, 이수열은 입학 기부금 2원이 없어서 학교에 가지 못할 뻔하기도 했지. 다행히 아버지가 어렵게 돈을 구해서 학교에 갈 수 있었지만 그의 집안 형편상 다른 동생들은 학교에 갈 엄두도 내지 못했어. 이수열은 그런 만큼 동생들 몫까지 더 열심히 공부해야겠다고 생각했어.

그러다 4학년이 되었을 때, 새로운 교장 선생님이 부임했는데 그는 조선인이지만 일본인보다 더 일본인처럼 행동하는 친일파였어. 심지어 우리말을 아예 모른다며 연설을 할 때는 통역

관을 옆에 두고 말을 할 정도였지. 한번은 마을 사람들을 모아 놓고 이런 연설을 하기도 했어.

"천황 폐하의 은혜에 보답하기 위해 조선 신민들은 온몸을 바쳐 충성해야 한다!"

그러자 마을 사람들이 수군거렸어.

"저 양반 마누라는 일본 말을 하나도 못 한다던데 집에서도 통역관을 두고 사는가?"

그리고 소풍을 갈 때면 일본 군가를 부르게 하기도 했어. 아이들이 제대로 노래를 부르지 않으면 천황 폐하에 대한 충성심이 고작 이것밖에 되지 않느냐며 윽박지르거나 아이들을 때리면서 말이지.

"나로 말할 것 같으면! 야스쿠니 신사에 참배하러 오신 천황 폐하를 직접 뵈었던 사람이다, 이거야! 조선 땅에 사는 족속 중에 천황 폐하를 뵌 사람이 몇이나 있나? 나는 말이다! 천황 폐하를 뵙고 그 은혜로운 모습에 그만 눈물을 흘렸다. 뜨거운 눈물 말이다!"

이수열은 어린 나이였지만 이런 사람들 때문에 나라를 빼앗긴 거라고 느꼈어. 나라를 되찾을 생각은커녕 도리어 더 일제에 충성하려는 생각만 하는 사람들 말이야. 특히 교육자가 그런 말과 행동을 하고 있다는 게 더 슬펐지. 광복이 되고 나서 화가

난 마을 사람들이 그 교장의 집으로 쳐들어갔는데 그는 이미 도망가고 없었대. 끝까지 비겁했던 사람이었지.

이수열이 다닌 학교는 4년제였는데, 공부를 더 하고 싶었던 그는 6년제 봉일천국민학교로 가기 위해 편입 시험을 봤어. 당연히 1등으로 합격을 했지만 이번에도 돈이 문제였어. 지난번보다 훨씬 많은 돈인 20원이 필요했지. 집안 형편도 잘 알고 그만한 돈을 마련하기 어렵다는 것도 알고 있었지만 이수열은 너무나 공부를 하고 싶었어. 그래서 저녁마다 울며 부모님을 졸랐지. 부모님은 이번엔 정말 어쩔 수 없다며 그를 달랬어.

그러다 어느 날 밤 집 근처를 지나던 집안 아저씨 한 분이 이수열이 우는 소리를 듣고 찾아왔어. 아저씨는 자초지종을 듣고는 20원 때문에 공부하려는 뜻을 꺾어서야 되겠냐며 며칠 뒤 20원을 구해다 주셨어. 그렇게 이수열은 공부를 더 이어 갈 수 있게 되었지. 배우고 싶어도 배울 수 없어서 공부를 포기할 뻔한 이수열을 보니, 공부하기 싫어서 맨날 놀 궁리만 했던 내 학창 시절이 참 부끄러워졌어.

봉일천국민학교는 이수열의 집에서 한 시간 반이나 걸리는 곳에 있었어. 해 뜨기 전에 집에서 출발해서 해 지고 집에 돌아오는 고단한 하루하루였지만 이수열은 공부를 할 수 있다는 그 사실만으로도 기뻤어. 수학도 잘해서 선생님을 대신해서 아이들을 가르치기도 했대. 그럴 때마다 담임 선생님은 보답으로 옛사람이 쓴 좋은 글들을 들려주곤 하셨고 말이야.

학교 앞에는 닷새마다 장이 섰는데, 거기에는 6전에 이야기책을 파는 할아버지가 오곤 했대. 《장화홍련전》, 《춘향전》, 《홍길동전》 등 아이들의 흥미를 끌 만한 책들이 많았지. 이수열의 동네에서도 가끔 누가 그런 책을 사 왔는데 그런 날이면 그 집에 모여 책 주인이 읽어 주는 걸 들으며 다 함께 울고 웃곤 했었어. 그런데 책을 펼쳐 보니 한자도 많고 글자도 빽빽해서 읽기가 너무 힘들었어. 이수열은 그래도 책을 읽고 싶었지만 돈이 없어서 살 수 없었지. 그러면서도 이런 책들을 누구나 쉽게 잘 읽을 수 있으면 좋겠다는 생각을 했어. 물론 아직은 자신이 우리말글 지킴이가 될 줄은 몰랐지만 말이야.

선생님을 꿈꾼 불우한 소년

6학년 겨울이 되면서 학급 친구의 아버지가 이수열을 불렀어. 친구의 아버지는 이수열이 공부를 잘하니 자기 아들이랑 같이 머물면서 공부를 알려 주면 어떻겠냐는 제안을 했지. 그렇지 않아도 집이 멀어서 학교에 다니는 게 힘든 참이었는데 이수열에게는 너무나 반가운 제안이었어. 비라도 많이 와서 물이 불면 다리를 건널 수가 없어 한참 돌아서 등교해야 하기도 했었거든.

게다가 먹을 것까지 해결해 주신다니 더 좋았지.

친구의 집은 방도 깨끗하고 잠자리도 편안했대. 밤이면 간식으로 친구 어머니가 엿도 고아 주셨고 말이야. 처음 그런 것들을 누려 보는 이수열은 좋기도 하면서 한편으로는 부끄럽고 부러운 생각도 들었어. 그렇게 친구와 공부를 하고 이후 그 친구는 서울에 가서 중학교 입학시험을 여러 군데 치렀지만 이수열은 돈이 없어서 그럴 수 없었어. 겨울이 지나 다시 집으로 돌아가 그저 집안일이나 도울 뿐이었지. 공부가 너무 재미있지만 공부할 형편이 안 되는 것이 너무나 슬펐어.

그러던 어느 날 면사무소 직원이 이수열을 불렀어. 그가 공부도 잘하고 똑똑하니 일본 홋카이도에 가서 통역 일을 해 보면 어떻겠냐는 제안을 하기 위해서였어. 이수열은 가슴이 두근거렸어. 통역 일을 하면 돈도 벌 수 있고 그러면 공부도 더 이어 갈 수 있는 거였으니 말이야. 그길로 교장 선생님께 달려갔어. 봉일천 국민학교의 교장 선생님은 이전의 친일파 교장과는 다른 좋은 분이었어. 늘 열심히 공부하는 이수열을 예쁘게 봐 주시기도 했던 분이고 말이야. 그런데 교장 선생님은 그 소식을 듣자 안색이 변했어.

"수열아. 절대로 가지 말거라. 큰일 난다."

이수열이 영문을 몰라 어리둥절해하자 교장 선생님이 다시 말을 이어 갔어.

"그길로 징용 가게 되는 거다. 그렇게 해서 너희를 전쟁으로 내모는 거야."

교장 선생님의 충고가 있었지만 이수열은 공부를 너무 하고 싶었어. 그래서 면사무소 직원의 말을 믿고 통역 일을 해 봐야겠다고 결심했지. 그러고 얼마 후 마을에 갑자기 난리가 났어. 공장에서 일할 처녀를 모집한다기에 딸을 억지로 차에 태워 보냈더니 일본군 위안부로 보내졌다는 소식, 청년들이 일자리를 구해 준다기에 따라갔더니 징용되어 군수 공장이며 탄광에 보내졌다는 소식이 날아들었던 거지. 여기저기서 곡소리가 들려왔어. 그것도 모르고 통역 일을 갔다면 어떻게 되었을지 생각하니 이수열은 간담이 서늘해졌어. 일제는 듣기 좋은 말로 우리나라 사람들을 속여서 자신들의 잇속만 챙기려 했던 거였지.

이수열은 생각을 바꿔 도시로 일을 하러 나갔어. 자동차 바퀴를 조립하는 일도 하고 치과에서 청소나 잡일을 하기도 했지. 하지만 잠자리도 불편했고 일도 너무나 고됐어. 어떻게든 버텨 보려 했지만 결국 그만둘 수밖에 없었지. 그러다 다행스럽게도 서울 종로에 있는 문화 학원에서 잔심부름꾼 일을 맡게 됐어. 이곳은 정규 학교에 가지 못한 사람들이 2년에서 3년 정도에 걸쳐 중등교육 과정을 마칠 수 있는 곳이었어. 당연히 책도 잔뜩 있었지. 이수열은 낮에는 일을 하고 밤에는 마음껏 책을 읽고 공부를 했어.

그때 그의 눈에 들어온 책이 있었어. 일본 와세다 대학에서 출판한 《중학강의록》이라는 책이었지. 혼자 공부해서 중학교 5년 과정을 마칠 수 있는 학습서였던 거야. 그리고 교원 자격시험을 준비할 수 있는 《국민학교 교원 준비서》라는 책도 있었어. 이수열은 꿈만 같았어. 돈이 없어 국민학교 입학도 힘들게 했고 겨우 졸업을 했는데 가난한 형편 때문에 꿈꿀 생각도 못 했던 선생님이 될 수 있는 책이라니! 꿈이 생긴 이수열은 그날부터 열심히 공부했어. 학원 선생님들도 그에게 많은 도움을 주었지.

꿈에 그리던 교사가 되었지만

그렇게 1943년 8월, 마침내 이수열은 교원 자격시험을 치르고 당당히 합격했어. 그리고 기뻐하실 부모님을 생각하며 집에 편지를 보냈지. 일주일 뒤 고향에서 학원으로 전화가 왔어. 아직 전화기가 집마다 있던 시절이 아니라 전화를 하려면 시내에 있는 우체국에서 해야 했지. 이수열은 부모님과 기쁨을 나눌 생각에 들떠 전화를 받았어. 그런데 전화한 사람은 당숙 아저씨였어.

"수열아, 어머니가 오늘 세상을 떠나셨다."

하늘이 무너지는 것 같았어. 어떻게 합격했는데, 이제 키워 주신 어머니께 보답을 할 수 있게 되었는데 영영 떠나 버리신 거야. 나쁜 일은 이게 끝이 아니었어. 교사로 일하기 위해 합격증과 각종 서류를 갖추어 경기도 학무과에 갔더니 나이가 어리고 키가 작다는 이유로 이수열을 도로 돌려보내 버린 거야. 아닌 게 아니라 그는 열여섯 살에 교사가 된 최연소 합격자였거든.

이수열은 여기서 멈출 수 없었어. 그래서 다시 봉일천국민학교를 찾아가지. 그곳엔 6학년 때 담임 선생님으로 이수열을 가르쳤던 선생님이 교장 선생님이 되어 있었어. 다행히 교장 선생님은 이수열을 기특하게 여기며 교사로 채용해 주었지. 그리고 광복이 찾아왔어.

광복이 되고 시간이 흘러 18세가 되었지만 이수열은 고민이 있었어. 교사치고는 너무 젊은 나이였던 데다 키가 140센티미터도 안 될 만큼 작았기 때문이었지. 그보다 키가 더 큰 아이들도 많아서 아이들한테조차 '쪼그만 선생님'이라고 놀림을 받았던 거야. 그뿐만 아니라 외부에서 들른 교사나 손님들에게는 교사가 아닌 심부름꾼으로 오해받기도 일쑤였어. 하지만 이수열은 선생님이라는 자부심으로 묵묵히 버텼어. 아이들을 가르치는 게 즐거웠거든. 또 얼마 안 가 결혼도 하고 아이도 낳았지.

그러나 그것도 잠시, 6·25전쟁이 터지고 말았어. 젊은 남자들은 모두 군대로 끌려갈 수밖에 없었지. 이수열은 다행히 제주도 방위군으로 배정되어 직접적인 전쟁의 위험은 겪지 않았지만 그곳의 환경은 열악하기 짝이 없었어. 군인이라기보다는 포로에 가까운 생활이었지. 고향에 두고 온 가족도 늘 걱정이었어. 인민 군에게 끌려간 건 아닌지, 전쟁 통에 누가 다친 것은 아닌지….

휴전 이야기가 나오기 시작하던 1951년 여름 무렵, 이수열은 고향에 돌아올 수 있었어. 그러나 고향이 가까워질수록 마음은 점점 불안해졌어. 여기저기 온통 폭격에 집들이 무너져 있었거든. 괜찮을 거라고 속으로 계속 중얼거리며 마침내 고향 마을에 들어섰을 때 이수열은 그만 다리에 힘이 풀려 버렸어. 거기엔 무너진 집터 위에 홀로 걸터앉은 아버지가 계셨지. 이수열의 아내도, 아기도, 동생도 모두 폭격에 목숨을 잃었던 거야.

평생의 멘토 최현배와의 만남

전쟁이 끝나고 이수열은 다시 아이들을 가르쳤어. 건물이 다 무너져서 빈집에서 아이들을 가르쳐야 할 만큼 어려운 상황이었지. 그렇게 힘든 시간을 거쳐 그는 1962년 12월, 중등 교원 자격시험에 합격했어. 이때 이수열은 면접시험에서 최현배를 만나게 되는데, 이수열은 전부터 그의 저서인 《우리말본》과 《한글갈》을 읽으면서 최현배를 존경하는 마음을 키워 왔었어. 그런 분이 면접관이라 이수열은 기쁘면서도 긴장이 되기도 했어. 최

최현배가 쓴《우리말본》

현배는 대쪽 같은 성격으로 유명했던 만큼 면접시험에서도 엄격했어.

"몇 번이나 시험 치러 왔어?"

"다섯 번 왔습니다."

"단디 공부해서 한 번에 못 붙고 다섯 번이나 와? 국민학교에서 가르쳤나 본데 니한테 배울라 카는 애들은 우짜고 여기 와 있어?"

최현배가 소리를 지르며 말하자 이수열은 그만 얼어붙었지. 그러나 그도 잠시, 최현배는 다시 평소의 입을 꾹 다문 얼굴로 돌아가더니 종이에다 문제를 휘갈겨 쓰고는 답을 짚어 보라고 했어. 이수열이 설명을 하려 하자 또 소리를 질렀어.

"말은 말고 그냥 손으로 짚어!"

그렇게 이수열은 하나하나 문제를 풀어 나가다가 한 문제를 틀렸어. 그러자 또 최현배가 소리를 질렀어.

"왜 그거야?"

이수열은 무척 움츠러들어 시험을 봤지만 다행히 합격했어. 우리말에 대해서는 누구보다 엄격했던 최현배에 대한 존경심도 더 생겨났지. 아주 오랜 뒤에 이수열이 이때를 회상하며 남긴 인터뷰를 보면 "우리말을 제대로 가르쳐야 올바로 사용한다는 그분의 정신을 미력하게나마 이어 가고 있는 중"이라고도 했어.

이수열은 여러 중학교와 고등학교를 거치면서 학생들에게 열심히 국어를 가르쳤어. 그러는 사이 독재 정권하에서 똑같은 독재를 하며 교사들에게 주먹을 휘두르는 교장을 만나기도 하고, 또 그런 권력 아래에서 비겁하게 행동하는 선생님들을 만나기도 했지. 그런가 하면 거미 박사로 유명한 남궁준을 동료 교사로 만나 그의 글을 봐주기도 했어. 이 시절 이수열은 자신이 대학을 나오지 않았기 때문에, 자기한테 배운 학생들이 대학 나온 선생님에게 배운 학생들보다 뒤떨어지면 안 된다고 생각했대. 그래서 누구보다 더 열심히 공부하고 교재 연구를 했어. 그리고 최현배의 영향이었을까? 이수열은 아주 엄하고 무서운 호랑이 선생님이기도 했대.

그런 그에게 가장 소중한 연구 자료는 국어 교과서였는데, 어느 날 그는 교과서에서 이상한 점을 발견했어. 그래서 동료 국어 선생님에게 물어보았지.

"이거 말이 좀 이상하지 않나요? '반미학적일 만큼 수치의 사회적 감각이 이완되어 있는'이라는데 무슨 말인지 이해가 갑니까?"

"대충 가르치세요. 교과서 자체가 가진 권위가 있지 않습니까? 다 문제없습니다."

"교과서니까 더 제대로 되어 있어야 하는 것 아닙니까?"

"네, 네. 이 선생님 말씀이 맞습니다."

그 선생님은 건성으로 대답하며 자리를 떴어.

이수열은 교과서에서 많은 문제점을 발견했어. 〈독립선언문〉이 실린 부분에서는 '조선의 독립국임과 조선인의 자주민임을 선언하노라'를 보며 '조선이', '조선인이'로 고쳐야겠다고 생각했지. 이런 식으로 사용하는 '의'는 일본 말의 잔재였으니까 말이야. 비슷한 맥락에서 '-에서의', '있어서의' 같은 것도 마찬가지였어.

또 영어식 번역 투인 '주어진'이나 '요구되는' 같은 표현도 문제였어. '우리에게 주어진 사명'이 아니라 '우리가 받은 사명', '시급한 정정이 요구된다'가 아니라 '시급한 정정이 필요하다' 또는 '시급한 정정을 요구한다'로 써야 한다는 거지. 이오덕이 말한 것과도 비슷한 지적이야.

그런데 이수열은 무엇보다 '가지다'의 무분별한 사용이 문제라고 생각했어. 《우리말 바로쓰기》에서 이 문제를 자세히 설명했지. 원래 우리 조상은 탐욕이 없어서 세상 모든 것을 함부로 차지할 대상이라고 생각하지 않았기 때문에 '가지다'라는 말을 거의 쓰지 않았다는 거야. 그래서 자신에게 속한 것을 일컬을 때조차 '내게 땅 마지기나 있다', '재산이 좀 있다', '돈푼이나 있었는데 다 없어졌다'라고 했지. 그런데 이제는 재산이 되는 물질뿐 아니라 자식도 '갖고', 잔치나 모임, 직업이나 지위 등 온갖 것을 '갖는다'고 하니 문제라고 지적했어.

예를 들면 '기자 회견을 가지고'가 아니라 '기자 회견을 하고', '남북 외무 장관이 첫 접촉을 가졌다'가 아니라 '남북 외무 장관이 처음으로 만났다'로 써야 한다는 거야.

우리말과 글을 사랑한 다른 학자들처럼 이수열 역시 말과 글에는 민족의 정신이 깃들어 있다고 봤어. 우리가 원래 쓰던 우리말 대신 영어식의 표현을 자꾸 쓰게 되면 그런 가치관이 자연스럽게 우리 정신에도 스며든다는 거지. 그중 '가지다'는 '욕심'과 이어지는 말이기 때문에 특히 주의해야 한다고 했어.

이수열

비슷하게 나도 학생들이 쓰는 말을 들어 보면, 내가 어릴 때부터 쓰던 말과 다른 표현을 많이들 쓰고 있더라고. 요즘 많이 들리는 말이 '내'야. '우리'가 들어가야 할 자리에 들어가는 '내' 말이야. 예를 들면 '우리 가족', '우리 집'이 아니라 '내 가족', '내 집' 같은 말들. 나도 그 원인이 어릴 때부터 이루어지는 영어 교육 때문이 아닐까 생각했었거든. 그래서일까? 이렇게 말에서 '우리'가 아닌 '나'가 중심이 되면서 아이들의 가치관도 예전과는 많이 달라진 것 같아.

이수열은 이런 문제들을 발견하고는 어떻게 하면 좋을지 고민했어. 그러곤 뭐라도 해 봐야겠다고 생각했지.

빨간 펜으로 쓴 편지

이수열은 편지를 쓰기 시작했어. 당시 우리나라 사람들이 제일 많이 보는 글이 실리는 매체가 신문이었던 만큼, 특히 신문에서 잘못 쓴 우리말들을 찾아 하나하나 빨간 펜으로 교정을 해서 보냈지. 매일 신문을 10부씩 사서 읽고 고쳤어. 48년에 걸친 교직 생활을 끝낸 1993년 이후에는 더 열심히 편지를 보냈어. 신문사마다 이수열의 편지가 쌓여 갔을 거야. 그러나 처음에는 답장도 없었고 신문에 실리는 글들도 변화가 없었어.

그러다 오랜 군사 정권이 끝나고 김영삼 대통령이 취임했어. 이수열은 대통령이 하는 취임사에 문제가 있으면 안 되겠다고 생각했어. 온 국민이 다 보고 듣는 것이니까 말이야. 그래서 잘못 쓰고 있는 우리말들을 예로 들고 참고할 만한 책들도 정리해서 편지를 보냈지. 그렇지만 대통령 취임 연설에는 그의 기대와 달리 잘못된 말들이 너무 많았어. 이수열은 안타까웠지만 연설문에서 틀린 곳들을 교정해서 청와대와 신문사로 보냈지.

이수열은 그 뒤로도 계속해서 신문사들로 편지를 보냈어. 그리고 마침내 답장이 한 통 왔어. 한겨레신문사 사장이 편지를 보내왔던 거야. '귀한 의견을 주셔서 감사하다', '평생 글을 써 왔지만 이런 지적은 처음이다', '옳은 말씀들을 해 주셨다' 같은 내용이었지. 그뿐만 아니라 그 신문의 '아침햇살' 꼭지에 이수열이 지적했던 대통령 취임 연설을 다룬 "한국말 병과 대통령 취임사"라는 기사도 실었어.

이 일로 이수열은 갑자기 유명 인사가 되었어. 여기저기서 인터뷰 요청이 들어오고 글을 써 달라는 부탁도 들어왔지. 이수열은 유명세에 흔들리지 않고 하던 일을 계속 해 나갔어. 좋은 일을 하고 있다는 게 알려지자 신문사 지역 국장들이 신문도 무료로 가져다주었지. 매일 신문을 사는 돈도 부담이었는데 잘된 일이었지.

그러나 이수열의 편지를 받고 오히려 화를 내는 사람도 많앉어. 한번은 한 중학교 교장이 전화를 해서는 소리를 질렀대.

"신문사 편집국에서도 손을 안 댔는데 당신이 뭔데 내 글에 빨간 줄을 그어! 내가 당신한테 애들처럼 작문 교육이나 받을 사람인 줄 알아?"

이수열은 그 말을 듣고 당황스럽기도 하고 화도 났지만 침착하게 대답했어.

"교장 선생님이 글을 바로 쓰셔야 다른 선생님들이나 학생들이 배울 것이 있지 않겠습니까."

그 교장은 더 화가 났는지 한바탕 욕을 하고는 전화를 끊었대. 이수열은 이후에도 그 교장의 글을 고쳐서 보낸 적이 있는데 편지는 되돌아왔대. 빨간 글씨로 커다랗게 '수취 거부'라고 쓰인 채 말이야.

또 어떤 사람은 이수열이 보낸 편지를 열 번이나 받았다는데, 이수열은 사실 누구한테 몇 번이나 편지를 보냈는지 다 기억하지는 못했어. 일일이 기록하지도 않았고, 워낙에 보낸 편지가 많았으니까 말이야. 하지만 이런 일이 자꾸 일어나자 나중에는 보낸 곳을 적어 두고 되도록 같은 사람에게는 보내지 않으려 했대.

어떤 유명 교수는 이런 이수열을 국수주의자로 몰기도 했어. 이수열이 지적했던 문제는 일본식으로 쓰는 것, 영어식 표현을 그대로 쓰는 것, 낡은 한자어 표현 같은 것들인데 말이야. 이오덕과 마찬가지로 이수열은 순우리말만 쓰자고 하지 않았어. 오히려 오래 써서 우리말처럼 굳어진 한자어는 자연스럽게 사용하는 게 좋다고 봤지.

1995년에 이수열은 한겨레신문사에서 공로패를 받았어. 그리고 신문사에서는 이수열에게 문화 센터에서 교열 강의를 해 달라고 제안했지. 우리말과 글을 바로잡는 눈을 더 많은 사람에게 길러 줄 방법이기도 해서 이수열은 기쁘게 이 일을 하겠다고 했어. 그뿐만 아니라 이후에는 이 강의에서 받은 강사료 덕분에 편지지나 우표 값을 걱정하지 않고 편지를 보낼 수 있었다고 해. 교열 수업은 시작부터 많은 사람이 몰려서 서서 듣는 사람도 있었어. 수업마다 그날 배운 내용으로 시험도 봤는데 그 많은 사람의 시험지를 채점하는 게 쉬운 일만은 아니었어. 하지만 이수열은 우리말과 글에 대한 사랑으로 즐겁게 이 일을 이어 갔어.

헌법마저 고친 열정

이수열은 우리 헌법에 잘못된 문장이 너무 많다는 걸 알았어. 예를 들면 이런 것들이야.

제1조 2항 "모든 권력은 국민으로부터 나온다."

제3조 "대한민국의 영토는 한반도와 그 부속도서로 한다."

제10조 1항 "모든 국민은 인간으로서의 존엄과 가치를 가지며, 행복을 추구할 권리를 가진다."

이수열은 헌법은 나라의 최고법이며 다른 모든 법의 어머니 같은 법인 만큼 프랑스 헌법처럼 문법 교과서 구실을 해야 한다고 생각했어. 그런데 우리 헌법에는 앞서 이수열이 지적했던 영어나 일본어 표현 같은 오류가 너무나 많았던 거야. 불필요한 한자어 사용도 많았고 말이야.

이수열은 헌법에서 잘못 쓴 문장과 이해하기 어려운 문장들을 찾아 고치기 시작했어. 그렇게 해서 1999년에 그 결과를 담은 《우리가 정말 알아야 할 대한민국 헌법》이라는 책을 펴냈지. 그러면서 다음 개헌 때는 헌법의 오류들을 모두 고쳐야 한다고 주장했어. 참, 헌법이라고 하면 엄청 두껍고 글도 많을 것 같지? 생각보다 얇아. 우리나라 법의 근간이 되는 130개 조문이 전부라 30분 안에 다 읽을 수 있지. 한 번쯤 읽어 두면 좋을 거야.

이제 위의 헌법 조항에서 고칠 곳을 찾아볼까? 이수열은 제1조 2항은 '-으로부터'를 '-에게서'나 '-한테서'로 고치는 게 더 좋다고 봤어. '-으로부터'는 영어 'from'을 그대로 번역한 형태의 말이라는 거지. 제3조는 "그 부속도서로 한다."를 "그에 딸린 섬들이다."로 고쳐야 한다고 했어. 헌법은 누구나 쉽게 읽을 수 있어야 하는데 불필요하게 어려운 한자어를 쓸 필요가 없다는 거지. 마지막으로 제10조 1항은 아마 다들 짐작했을 거야. 일본어식으로 표현한 '-으로서의'를 '-으로서'로 일단 고쳐야겠지? 그리고 '가지다' 역시 영어식 표현이라 이수열이 지적했던 걸 기억할 거야. "존엄과 가치가 있으며", "추구할 권리가 있다."로 고쳐야 하지.

지금까지 이수열이 이루어 온 공로들을 인정해서 2004년에는 문화관광부와 한글학회에서 이수열을 '우리말글 지킴이'로 위촉했어. 그리고 2014년에 이수열은 우리말과 글을 사랑한 최현배의 정신을 기리며 만든 외솔상을 수상했어. 마음으로 늘 존경해 온 분을 기리는 상을 받았으니 정말 행복했을 것 같아. 이후로 그는 나이가 들어 눈도 나빠지고 건강도 나빠져서 신문사에 편지를 보내는 일을 제대로 할 수가 없었어. 그러다 2021년 8월 24일 93세로 눈을 감았어.

누구보다 우리말과 글을 사랑하며, 더 많은 사람이 우리말과 글을 바르게 쓰기를 바라며 살아갔던 이수열. 치열하게 빨간 펜을 들었던 그의 삶을 다시 돌아보면서 우리는 얼마나 우리말과 글을 제대로 쓰려고 했는지 생각해 보자. 말과 글에는 그 민족의 정신이 담겨 있잖아.

한때의 유행일까,
창의적인 말놀이일까?

마지막으로 우리도 모르게 쓰고 있던 일본식 표현과 인터넷 '밈'을 살펴보도록 하자. 먼저 일본식 표현을 볼까?

① 그건 숙련된 기술을 요하는 작업이다.

이 문장에서는 무엇이 문제일까? 바로 '요하다'야. '요우스루要する'라는 일본식 표현이거든. "그건 숙련된 기술이 있어야 하는 작업이다." 정도로 고칠 수 있어.

② 평화를 외치고 있지만 그들의 행동은 또 다른 폭력에 다름 아니다.

'-에 다름 아니다'는 일본식 표현인 '-니호카나라나이にほかならない'를 그대로 옮긴 거야. 우리말에는 처음부터 없던 표현이지. 이 말 대신 쓸 우리말은 많아. '-과 다르지 않다', '-과 같다', '-이나 마찬가지다' 등등. 그러면 한번 바꿔 볼까? "평화를 외치고 있지만 그들의 행동은 또 다른 폭력이나 마찬가지다."

혹시 '야민정음'이라는 말을 들어 봤어? 한글 자모를 모양이 비슷한 것으로 바꾸는 표기법이야. '훈민정음'의 '훈' 자리에 '야구'의 '야'를 넣은 신조어지. 한 커뮤니티 사이트의 야구 게시판에서 시작됐기 때문이래.

이렇게 생겨난 말들 중에 '댕댕이'(멍멍이), '커여워'(귀여워) 같은 말들은 이미 많이들 들어 봤을 거야. 이게 하나의 문화적 현상이 되다 보니 2023학년도 대학수학능력시험의 사회·문화 과목에서 이 현상에 대한 지문이 나오기도 했지.

야민정음은 은어의 한 종류라고 봐야 해. 특정 집단이 이렇게 글자를 써 놓고 보니 재미도 있고 자기들끼리만 알아보며 쓰니까 좋더라는 거지. 그렇다면 은어는 과연 나쁘기만 할까? 나는 한글을 즐기고 누리는 방법으로서 가치가 있다고 생각해. 야민정음 초기에 쓰인 표현 중에는 회전 방식을 활용한 것들도 있었는데, '몰룬', '골룸' 같은 것이 그 예이지. 재미있는 사실은 실제로 과거에 조상들이 훈민정음을 만들 때에도 활자가 무자라서 이 방법을 썼다는 거야. '문'을 뒤집어서 '곰'으로 쓰는 것처럼 말이야.

또 다르게 보면 서구권에서 많이 쓰는 애너그램처럼 이해해 볼 수도 있지 않을까? 애너그램은 글자 배열을 바꿔서 새로운 단어를 만드는 거야. 예를 들면 영어에서 'Listen(듣다)'을 재배열하여 'Silent(조용한)'로 만드는 식이지. 이런 방식을 바탕으로 "듣기 위해서는 조용히 해야 한다." 같은 경구를 만들기도 해.

야민정음, 어쩌면 한글을 창의적으로 재해석한 것으로 볼 수도 있지 않을까? 스스로도 한번 생각해 보고 나름대로 결론을 내려 보길 바라.

중학교

국어1-2
2. 다양한 단어, 모두의 어휘

국어2-1
2. 발음은 정확히, 글은 바르게

국어2-2
2. 한글은 바르게, 발표는 효과적으로

국어3-2
2. 통일 시대의 우리말

역사2
Ⅳ. 근·현대 사회로의 전환

고등학교

공통국어1
3. 올바른 언어 생활

공통국어2
3. 국어의 어제와 오늘

한국사1
Ⅱ. 근대 국가 수립의 노력

한국사2
Ⅰ. 일제 식민 통치와 민족 운동

참고 자료

책

김삼웅, 《외솔 최현배 평전》, 채륜, 2018

김윤경, 《주 시경 선생 전기》, 열화당, 2016

박건웅, 《이오덕 선생님》, 고인돌, 2016

박용규, 《이윤재 우리말 우리 역사 보급의 거목》, 역사공간, 2013

박용규, 《조선어학회 항일투쟁사》, 형설출판사, 2012

이계형, 《최현배 우리 말글을 목숨처럼 지킨》, 역사공간, 2019

이규수, 《주시경 한글의 빛을 밝힌 어문민족주의자》, 역사공간, 2014

이극로, 《고투사십년 이극로 자서전》, 아라, 2014

이상각, 《한글 만세, 주시경과 그의 제자들》, 유리창, 2013

이수열, 《이수열 선생님의 우리말 바로쓰기》, 현암사, 2014

이오덕, 《이오덕 우리글 바로쓰기 1~5》, 한길사, 2009

임어진, 《말과 글은 우리 얼굴이야》, 우리교육, 2007

정재환, 《나라말이 사라진 날》, 생각정원, 2020

정재환, 《한글의 시대를 열다》, 경인문화사, 2013

최종규, 《이오덕 마음 읽기》, 자연과생태, 2019

한글학회, 《고루 이극로》, 어문각, 2009

한글학회, 《외솔 최현배》, 어문각, 2009

한글학회, 《한글학회 100년사》, 한글학회, 2009

황현산, 《밤이 선생이다》, 난다, 2013

사진 출처

17쪽 ⓒ한국학중앙연구원 / 한국민족문화대백과사전

25쪽 ⓒ한국학중앙연구원 / 한국민족문화대백과사전

36쪽 ⓒ한글학회

49쪽 ⓒ한국학중앙연구원 / 한국민족문화대백과사전

59쪽 ⓒ국가기록원

60쪽 ⓒ한국학중앙연구원 / 한국민족문화대백과사전

64쪽 ⓒ한국학중앙연구원 / 한국향토문화전자대전

79쪽 ⓒ외솔기념관

83쪽 ⓒ한국학중앙연구원 / 한국민족문화대백과사전

87쪽 ⓒLERK / Wikimedia

94쪽 ⓒ한국학중앙연구원 / 인문정보학 위키

116쪽 ⓒ한국학중앙연구원 / 한국민족문화대백과사전

122쪽 ⓒ한국학중앙연구원 / 인문정보학 위키

156쪽 ⓒ한국학중앙연구원 / 한국민족문화대백과사전

다른 인스타그램

뉴스레터 구독

빼앗긴 나라의 한글 독립투사들
주시경부터 이수열까지 우리말 애국자 6인

초판 1쇄   2025년 9월 18일

지은이   박용진

펴낸이   김한청
기획편집   원경은 차언조 양선화 양희우 장민기
마케팅   정원식 이진범
디자인   이성아 황보유진
운영   설채린

펴낸곳 도서출판 다른
출판등록 2004년 9월 2일 제2013-000194호
주소 서울시 마포구 동교로 27길 3-10 희경빌딩 4층
전화 02-3143-6478   팩스 02-3143-6479   이메일 khc15968@hanmail.net
블로그 blog.naver.com/darun_pub   인스타그램 @darunpublishers

ISBN 979-11-5633-720-1 44000
        979-11-5633-437-8 (세트)

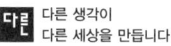

다른 생각이
다른 세상을 만듭니다